Liebe Eltern, liebe LehrerInnen!

In der 1. Klasse lernte Ihr Kind bereits eine ganze Menge über Zahlen und das Rechnen.

Nun, in der 2.Klasse, geht dieser Lernprozess weiter: der Zahlenraum 100 wird erarbeitet, das Rechnen im Zahlenraum 100 wird geübt und das Einmaleins muss erlernt werden. Auch andere wichtige Fähigkeiten, wie das Verstehen von Sachaufgaben, erste Erfahrungen mit Größen usw. werden in der 2. Klasse vertieft und gefördert. Damit die erlernten Rechenfähigkeiten sicher und richtig angewendet werden können, bedarf es allerdings viel Übung.

Dieses Buch ist daher bestens dafür geeignet, Ihrem Kind zusätzliche wertvolle Übungen zu ermöglichen. Es ist Schritt für Schritt aufgebaut und zudem ansprechend gestaltet. Lustige und abwechslungsreiche Arbeitsblätter regen Ihr Kind zu selbständigem Lernen an und fördern die Motivation und die Freude am Rechnen.

Die Arbeitsblätter können auch als Ergänzungsmaterial im Unterricht eingesetzt werden.

Viel Freude am gemeinsamen Rechnen mit Ihrem Kind wünscht Ihnen

Dipl.-Päd. Elisabeth Fürst

(Grundschullehrerin)

ISBN 978-3-8370-3851-4

Impressum:
Herstellung und Verlag: Books on Demand GmbH, Norderstedt
Konzeption und Illustration: Dipl.-Päd. Elisabeth Fürst
Illustrationen Seite 19, 53: Mag. (FH) Daniel Fürst
Illustrationen Seite 51: Mag. Margot Aigner
Covergestaltung: Mag. (FH) Daniel Fürst
1. Ausgabe 2009

Inhaltsverzeichnis

* Schwierigkeitsgrade sind in diesem Kapitel durch Wolken in der Kopfzeile gekennzeichnet!
** ZÜ = Zehnerüberschreitung

ISBN 978-3-8370-3851-4
Elisabeth Fürst

Die Hundertertafel

Hier siehst du alle Zahlen von 1 - 100. Sieh einmal ganz genau hin!
Fällt dir etwas auf?

1	2	3	4	5	6	7	8	9	10
11	12	13	14	15	16	17	18	19	20
21	22	23	24	25	26	27	28	29	30
31	32	33	34	35	36	37	38	39	40
41	42	43	44	45	46	47	48	49	50
51	52	53	54	55	56	57	58	59	60
61	62	63	64	65	66	67	68	69	70
71	72	73	74	75	76	77	78	79	80
81	82	83	84	85	86	87	88	89	90
91	92	93	94	95	96	97	98	99	100

Richtig! Alle Zahlen mit gleichem **Einer** stehen **untereinander** (2,12,22,32,...).
Die Zahlen mit den gleichen **Zehnern** stehen jeweils **nebeneinander** in einer
Reihe (51,52,53,54,...), mit Ausnahme der reinen Zehner.

Löse nun folgende Aufgaben!

1. Kreise alle Zahlen blau ein, die eine 4 an der Einerstelle haben!

Welche Zahlen sind es?_____

2. Kreise alle Zehnerzahlen rot ein!

Welche Zahlen sind es?_____

3. Kreise alle Zahlen grün ein, die eine 7 an der Zehnerstelle haben!

Welche Zahlen sind es?_____

Elisabeth Fürst · ISBN 978-3-8370-3851-4

1. Welche Zahl kommt vorher (Vorgänger)?

	34			87			29			41

	56			73			62			98

2. Welche Zahl kommt nachher (Nachfolger)?

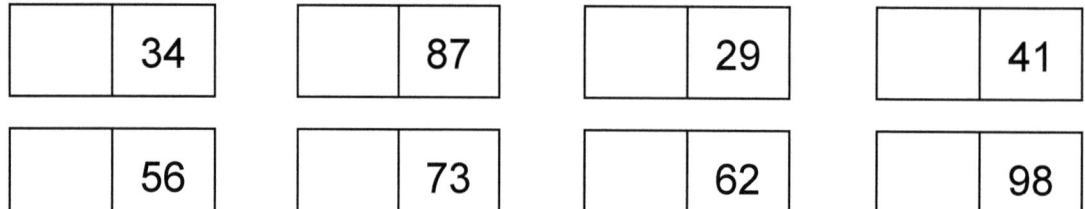

54			75			91			39	

48			66			80			47	

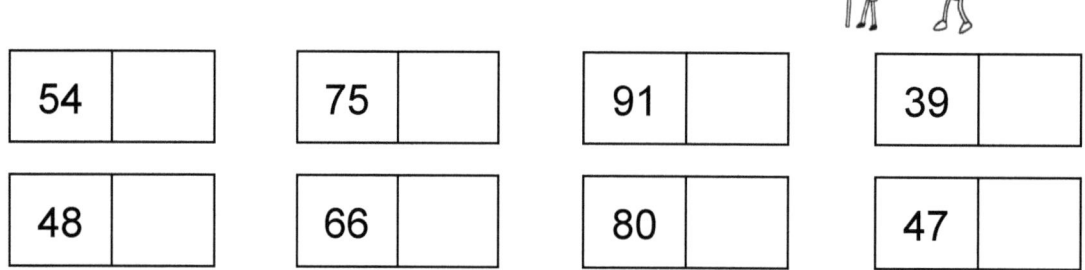

3. Suche die Zahlennachbarn (Vorgänger und Nachfolger)!

	63			49					78

		91		64			58		

4. Hier sind ganze Teile aus der Hundertertafel herausgebrochen. Kannst du die richtigen Zahlen finden?

ISBN 978-3-8370-3851-4   Elisabeth Fürst

Orientierung im ZR 100

1. Schreibe die richtigen Zahlen in die leeren Kästchen!
   Tipp: Du kannst die Hundertertafel als Hilfe nehmen!

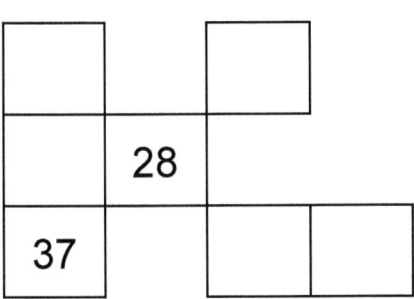
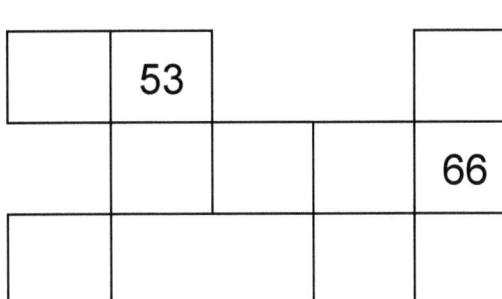

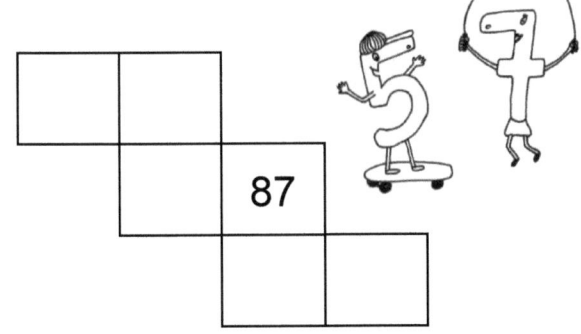
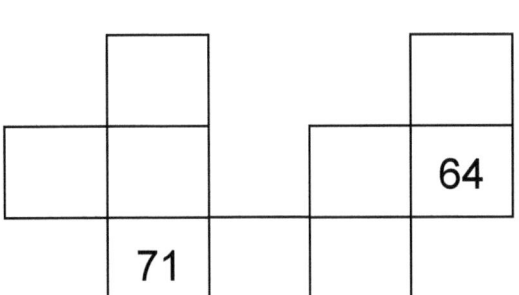

2. Ordne diese Zahlen nach ihrer Größe. Beginne bei der kleinsten Zahl!

| 45 | 31 | 65 | 57 | 84 | _____ |

| 22 | 50 | 7 | 46 | 36 | _____ |

Beginne nun mit der größten Zahl!

| 13 | 42 | 31 | 68 | 29 | _____ |

| 88 | 98 | 76 | 82 | 94 | _____ |

| 56 | 70 | 65 | 49 | 73 | _____ |

Elisabeth Fürst   ISBN 978-3-8370-3851-4

1. Setze ein: <, >

24 ◯ 42   99 ◯ 91   63 ◯ 36

56 ◯ 63   56 ◯ 65   47 ◯ 48

89 ◯ 79   70 ◯ 77   27 ◯ 72

2. Kannst du diese Zahlen lesen und dann in Ziffern aufschreiben?

dreiundvierzig =

neunundachtzig =

vierundneunzig=

achtunddreißig =

fünfundsechzig =

sechsundsiebzig =

siebenundfünfzig =

zweiundvierzig

3. Setze diese Zahlenreihen fort!

54, 55, _____

36, 37, _____

68, 69, _____

78, 77, _____

100, 99, _____

54, 53, _____

ISBN 978-3-8370-3851-4   Elisabeth Fürst

Orientierung im ZR 100

Die kleine gefräßige Raupe frisst das ganze Obst der Reihe nach auf.
Verbinde die Zahlen in der richtigen Reihenfolge! Beginne bei der Zahl 30!
(Ende bei 66)

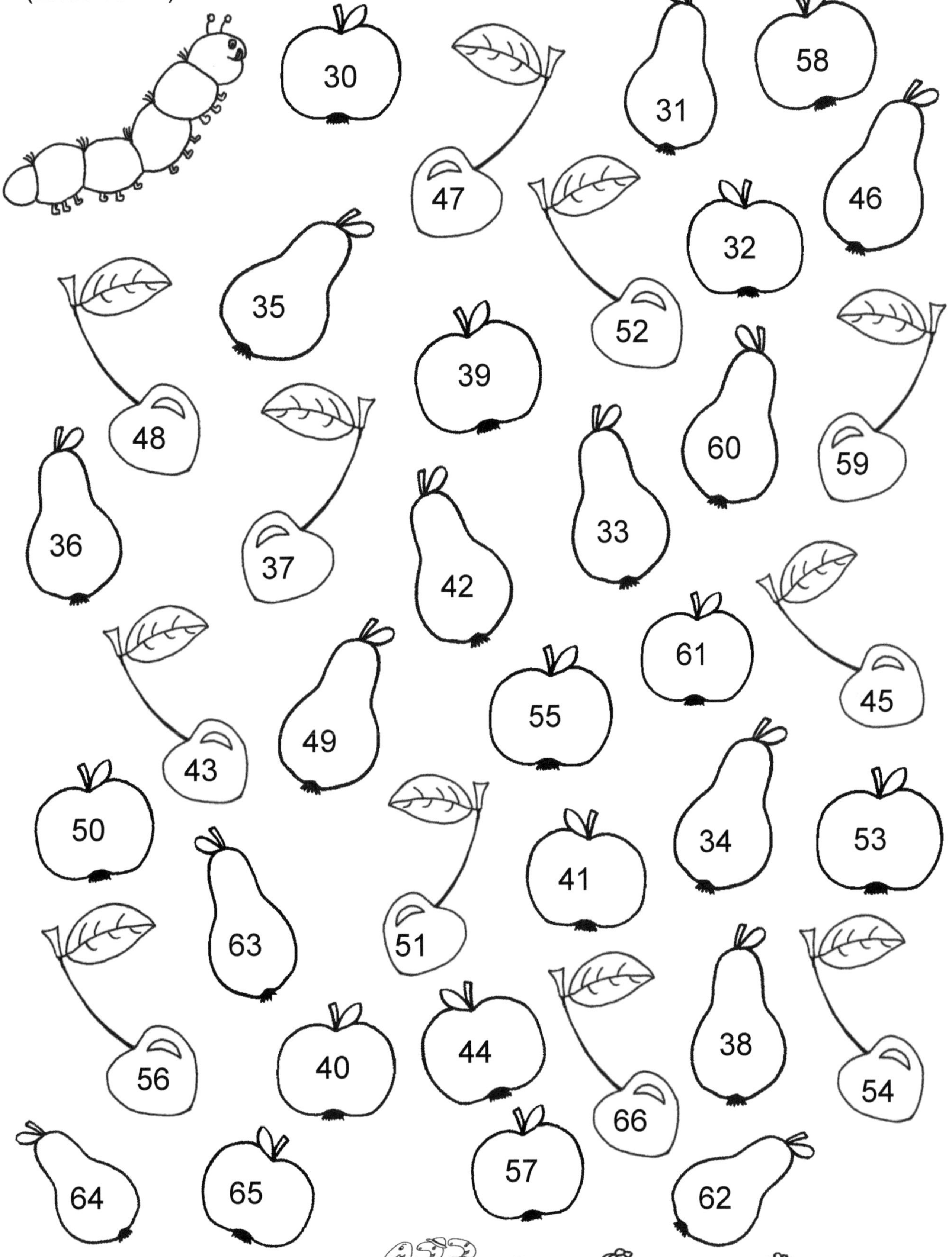

30 31 58 47 46 32 35 52 48 39 60 59 36 37 42 33 49 55 61 45 50 43 41 34 53 63 51 56 40 44 38 66 54 64 65 57 62

Elisabeth Fürst   ISBN 978-3-8370-3851-4

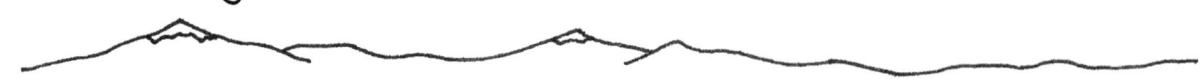

Verbinde die Zahlen von 1 bis 90!

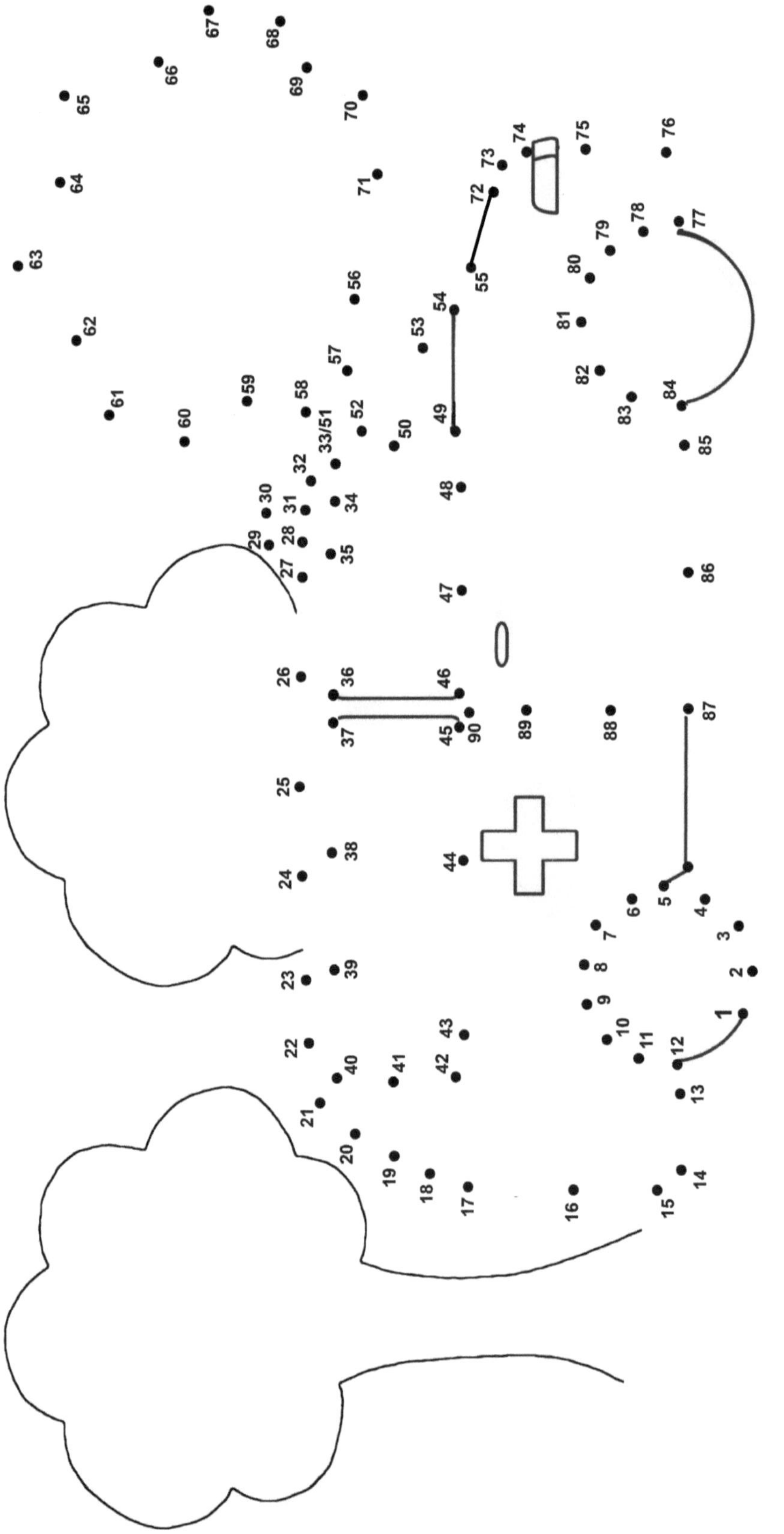

67
68
66
69
65
70
64
71
74 75
72 73 76
63
77
78
56 55 79 80
62
57 54 81
53
61 59 58 52 49 82
60 33/51 50 83 84
32 48 85
31 34
30
29 28 35
27 47
86
26 36 46
37 45 90
89 88 87
25
38
44
24
5 4
6 3
7
23 39 8 2
9 1
22 43 10 12
40 42 11 13
41
21
20 19 14
18 15
17 16

ISBN 978-3-8370-3851-4   Elisabeth Fürst

Schreibe die Null mit Farbe!

4 + 5 = 9
40 + 50 = 90

3 + 3 =
30 + 30 =

7 + 1 =
70 + 10 =

2 + 4 =
20 + 40 =

6 + 3 =
60 + 30 =

5 + 5 =
50 + 50 =

7 - 3 =
70 - 30 =

8 - 6 =
80 - 60 =

10 - 9 =
100 - 90 =

9 - 7 =
90 - 70 =

4 - 4 =
40 - 40 =

6 - 2 =
60 - 20 =

Jetzt kannst du es auch schon so!

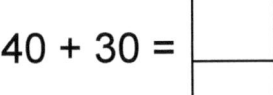

40 + 30 =
10 + 70 =
60 - 60 =
70 + 20 =
50 - 10 =
30 - 20 =
80 + 10 =
90 - 70 =

40 - 30 =
30 + 20 =
100 - 20 =
80 - 30 =
70 + 30 =
40 - 20 =
60 - 40 =
30 + 70 =

50 + 10 =
90 - 30 =
40 + 40 =
10 + 90 =
60 - 50 =
90 + 10 =
20 + 20 =
100 - 70 =

Elisabeth Fürst   ISBN 978-3-8370-3851-4

Rechnen im Zahlenraum 100

Schreibe die Null mit Farbe!

$2 +$ [5] $= 7$ $4 +$ [ ] $= 8$ $5 +$ [ ] $= 9$

$20 +$ [50] $= 70$ $40 +$ [ ] $= 80$ $50 +$ [ ] $= 90$

$3 +$ [ ] $= 10$ $6 +$ [ ] $= 7$ $0 +$ [ ] $= 8$

$30 +$ [ ] $= 100$ $60 +$ [ ] $= 70$ $0 +$ [ ] $= 80$

$9 -$ [ ] $= 6$ $4 -$ [ ] $= 1$ $7 -$ [ ] $= 2$

$90 -$ [ ] $= 60$ $40 -$ [ ] $= 10$ $70 -$ [ ] $= 20$

$8 -$ [ ] $= 5$ $10 -$ [ ] $= 4$ $6 -$ [ ] $= 3$

$80 -$ [ ] $= 50$ $100 -$ [ ] $= 40$ $60 -$ [ ] $= 30$

Jetzt kannst du es auch schon so!

$20 +$ [ ] $= 60$ $70 -$ [ ] $= 60$

$40 +$ [ ] $= 90$ $50 -$ [ ] $= 20$

$50 +$ [ ] $= 60$ $90 -$ [ ] $= 0$

$10 +$ [ ] $= 70$ $30 -$ [ ] $= 10$

$30 +$ [ ] $= 90$ $100 -$ [ ] $= 70$

$60 +$ [ ] $= 100$ $80 -$ [ ] $= 30$

$40 +$ [ ] $= 70$ $60 -$ [ ] $= 40$

$10 +$ [ ] $= 80$ $20 -$ [ ] $= 10$

ISBN 978-3-8370-3851-4

Elisabeth Fürst

Am Seerosenteich

Bemale die Ergebnisfelder!

$10 + 80 =$ ☐

$70 + 30 =$ ☐

$50 + 40 =$ ☐

$30 + 50 =$ ☐

$60 + 20 =$ ☐

$40 + 30 =$ ☐

$80 + 20 =$ ☐

$20 + 50 =$ ☐

$40 + 10 =$ ☐

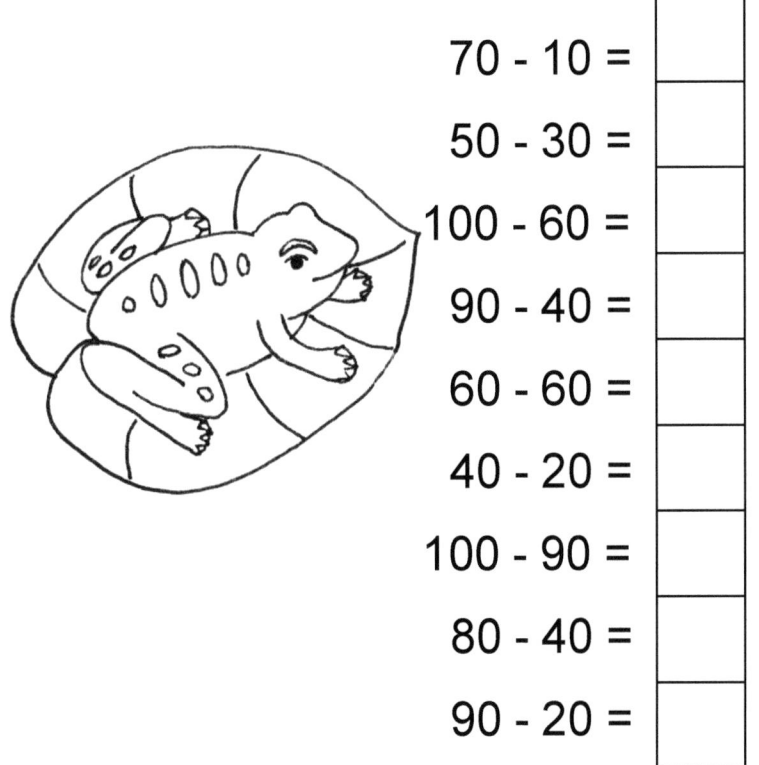

$70 - 10 =$ ☐

$50 - 30 =$ ☐

$100 - 60 =$ ☐

$90 - 40 =$ ☐

$60 - 60 =$ ☐

$40 - 20 =$ ☐

$100 - 90 =$ ☐

$80 - 40 =$ ☐

$90 - 20 =$ ☐

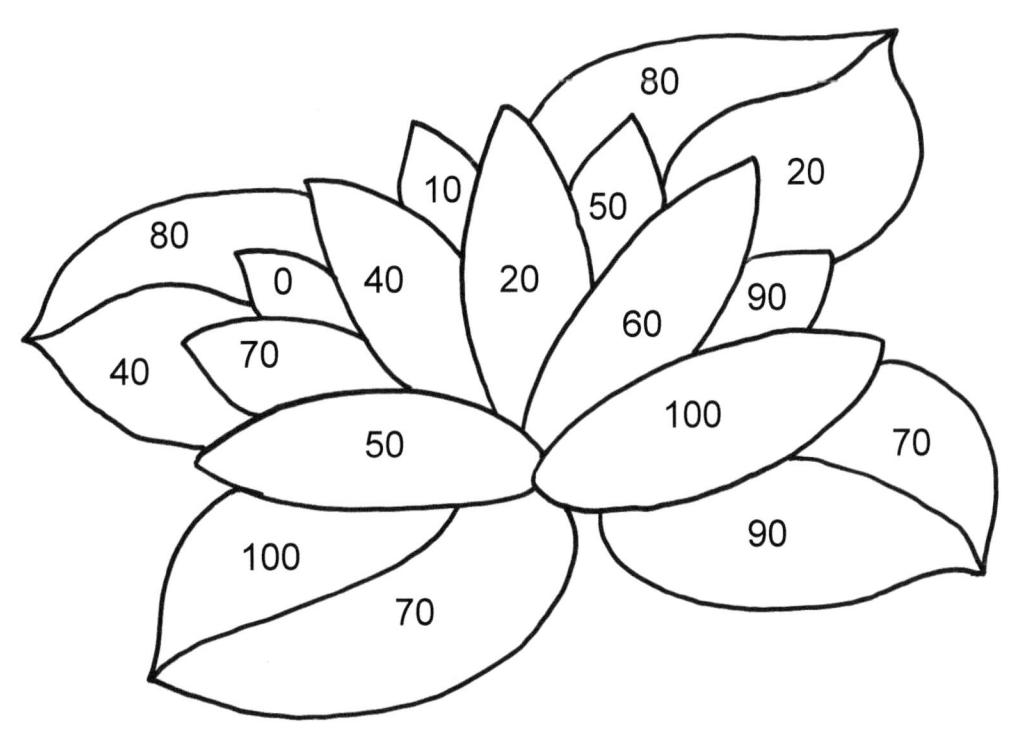

Elisabeth Fürst   ISBN 978-3-8370-3851-4

Rechnen im Zahlenraum 100

Schreibe den Zehner mit Farbe!

3 + 4 = 7

43 + 4 = 47

5 + 2 = ☐

65 + 2 = ☐

4 + 4 = ☐

74 + 4 = ☐

1 + 6 = ☐

51 + 6 = ☐

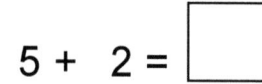

7 + 1 = ☐

37 + 1 = ☐

9 - 7 = ☐

99 - 7 = ☐

10 - 9 = ☐

50 - 9 = ☐

8 - 5 = ☐

48 - 5 = ☐

7 - 7 = ☐

87 - 7 = ☐

8 - 2 = ☐

68 - 2 = ☐

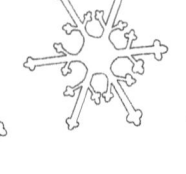

1 + 7 = 8

71 + 7 = 78

8 + ☐ = 9

38 + ☐ = 39

4 + ☐ = 7

84 + ☐ = 87

6 - ☐ = 4

56 - ☐ = 54

7 - ☐ = 2

97 - ☐ = 92

5 - ☐ = 0

65 - ☐ = 60

ISBN 978-3-8370-3851-4

Elisabeth Fürst

Buntes Rechenmandala

Bemale die Lösungsfelder!

56 + 2 =	45 + ☐ = 49	76 - 4 =
43 + 6 =	73 + ☐ = 77	43 - 2 =
32 + 3 =	52 + ☐ = 58	88 - 7 =
81 + 7 =	31 + ☐ = 39	65 - 3 =
66 + 1 =	78 - ☐ = 72	59 - 8 =
74 + 5 =	64 - ☐ = 61	37 - 7 =
53 + 7 =	87 - ☐ = 83	96 - 3 =
48 + 0 =	99 - ☐ = 95	49 - 2 =
92 + 7 =	47 - ☐ = 42	83 - 1 =
34 + 4 =		68 - 3 =
63 + 6 =		49 - 5 =

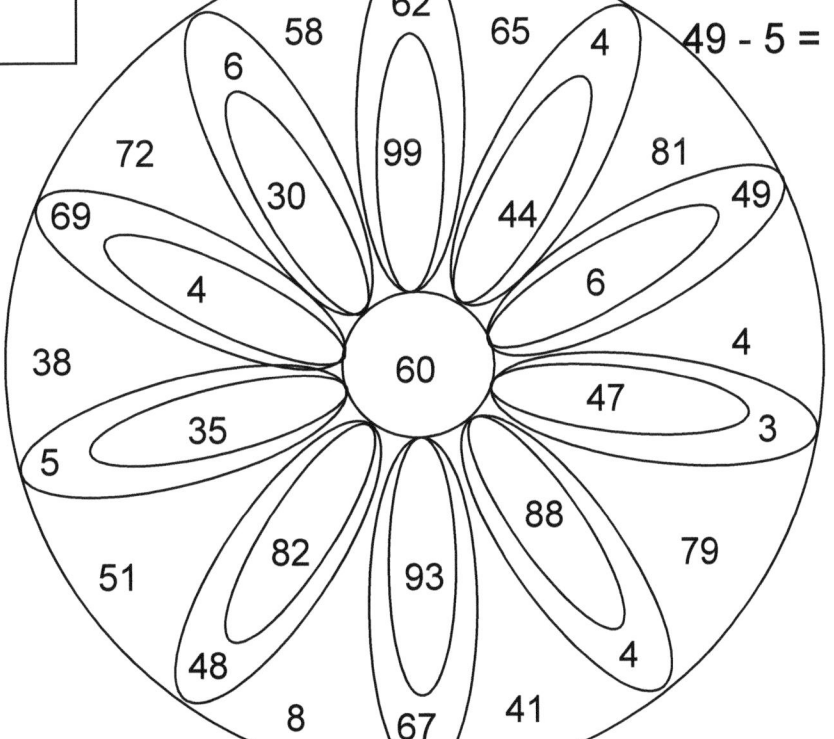

Elisabeth Fürst

ISBN 978-3-8370-3851-4

Vorübung

$56 +$ ☐ $= 60$

$88 +$ ☐ $= 90$

$65 +$ ☐ $= 70$

$47 +$ ☐ $= 50$

$36 +$ ☐ $= 40$

$53 +$ ☐ $= 60$

$69 +$ ☐ $= 70$

$74 +$ ☐ $= 80$

$86 +$ ☐ $= 90$

Wir springen über den Zehner!

$$48 + 7 =$$

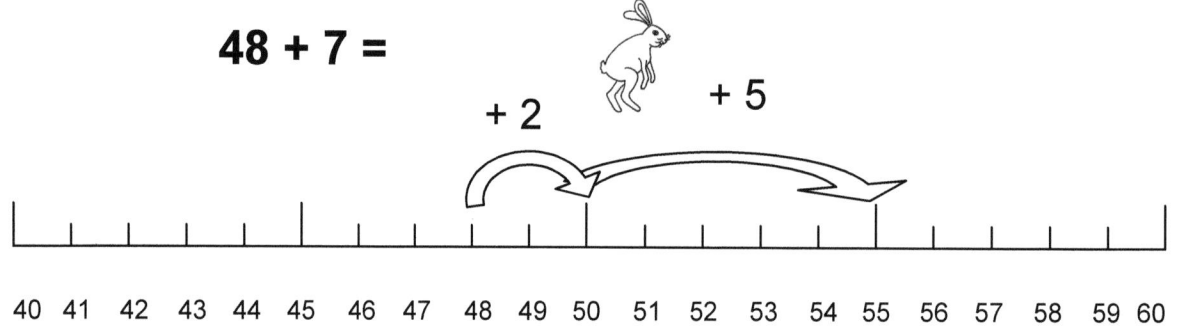

40 41 42 43 44 45 46 47 48 49 50 51 52 53 54 55 56 57 58 59 60

Rechne zuerst auf den nächsten Zehner und dann weiter!

$$87 + 4 =$$

$87 \xrightarrow{+3} (90) \xrightarrow{+1} =$ ☐

$$45 + 9 =$$

$45 \xrightarrow{+} \bigcirc \xrightarrow{+} =$ ☐

$$56 + 7 =$$

$56 \xrightarrow{+} \bigcirc \xrightarrow{+} =$ ☐

$$69 + 5 =$$

$69 \xrightarrow{+} \bigcirc \xrightarrow{+} =$ ☐

$$38 + 6 =$$

$38 \xrightarrow{+} \bigcirc \xrightarrow{+} =$ ☐

$$74 + 8 =$$

$74 \xrightarrow{+} \bigcirc \xrightarrow{+} =$ ☐

ISBN 978-3-8370-3851-4

Elisabeth Fürst

Rechnen im Zahlenraum 100

Vorübung

34 -	= 30
62 -	= 60
85 -	= 80

76 -	= 70
41 -	= 40
53 -	= 50

97 -	= 90
82 -	= 80
48 -	= 40

Wir springen über den Zehner!

84 - 9 =

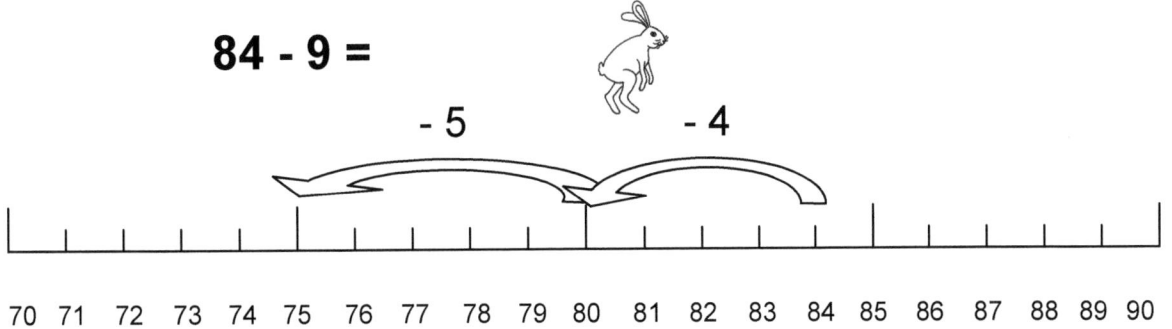

- 5   - 4

70 71 72 73 74 75 76 77 78 79 80 81 82 83 84 85 86 87 88 89 90

Rechne zuerst auf den nächsten Zehner und dann weiter!

64 - 7 =

$64 \xrightarrow{-4} (60) \xrightarrow{-3} = \square$

32 - 6 =

$32 \xrightarrow{-} \bigcirc \xrightarrow{-} = \square$

83 - 5 =

$83 \xrightarrow{-} \bigcirc \xrightarrow{-} = \square$

51 - 4 =

$51 \xrightarrow{-} \bigcirc \xrightarrow{-} = \square$

95 - 8 =

$95 \xrightarrow{-} \bigcirc \xrightarrow{-} = \square$

76 - 9 =

$76 \xrightarrow{-} \bigcirc \xrightarrow{-} = \square$

Elisabeth Fürst   ISBN 978-3-8370-3851-4

Der Rechenball

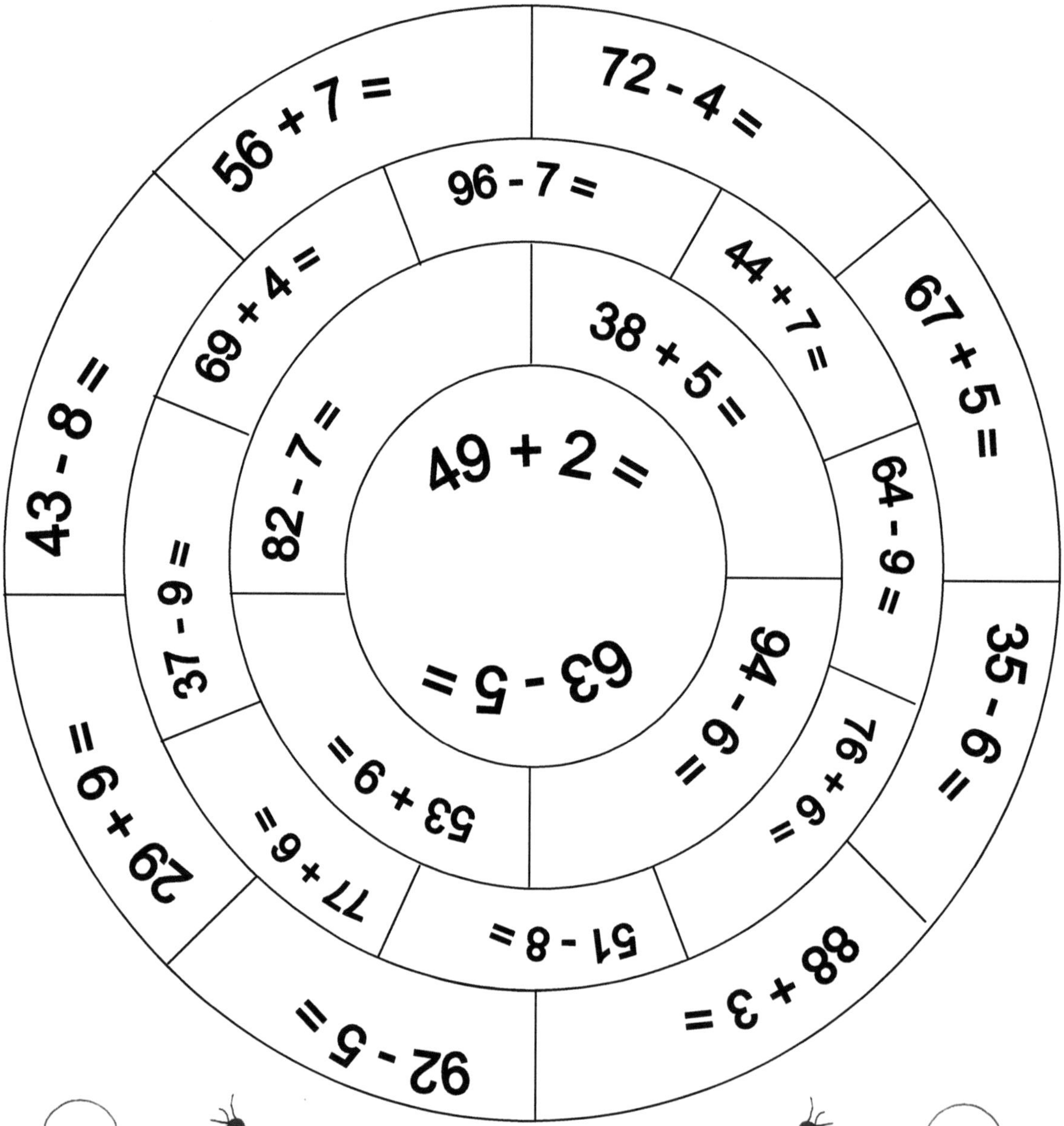

Der Rechenball (Wheel puzzle with calculations):

Outer ring:
56 + 7 =
72 - 4 =
67 + 5 =
35 - 6 =
88 + 3 =
92 - 5 =
29 + 6 =
43 - 8 =

Middle ring:
96 - 7 =
44 + 7 =
64 - 9 =
76 + 9 =
51 - 8 =
77 + 6 =
37 - 9 =
69 + 4 =

Inner ring:
38 + 5 =
94 - 6 =
53 + 9 =
82 - 7 =

Center:
49 + 2 =
63 - 5 =

ISBN 978-3-8370-3851-4

Elisabeth Fürst

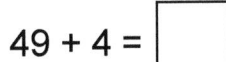

45 + 7 = ☐

59 + 6 = ☐

34 + 9 = ☐

74 + 7 = ☐

88 + 4 = ☐

64 + 8 = ☐

49 + 4 = ☐

76 + 5 = ☐

83 + 9 = ☐

28 + 3 = ☐

52 + 8 = ☐

66 + 7 = ☐

35 + ☐ = 43

68 + ☐ = 75

57 + ☐ = 62

46 + ☐ = 55

89 + ☐ = 96

74 + ☐ = 83

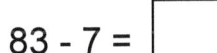

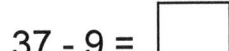

83 - 7 = ☐

45 - 9 = ☐

67 - 8 = ☐

72 - 4 = ☐

34 - 8 = ☐

51 - 4 = ☐

37 - 9 = ☐

53 - 7 = ☐

61 - 2 = ☐

46 - 8 = ☐

75 - 6 = ☐

92 - 3 = ☐

43 - ☐ = 37

65 - ☐ = 58

94 - ☐ = 89

52 - ☐ = 43

76 - ☐ = 68

33 - ☐ = 29

Elisabeth Fürst

ISBN 978-3-8370-3851-4

Die Rechenrennstrecke

Wie schnell bist du im Ziel? Stoppe die Zeit, die du zum Rechnen brauchst!

Start

$45 + 7 =$

$83 - 5 =$

$64 + 8 =$

$91 - 4 =$

$56 - 7 =$

$28 + 3 =$

$74 - 8 =$

$37 + 6 =$

$47 + 3 =$

$65 - 9 =$

$36 - 8 =$

$86 + 6 =$

$59 + 2 =$

$76 + 5 =$

$94 - 7 =$

$42 - 9 =$

Ziel

$66 + 5 =$

$85 - 8 =$

$27 + 9 =$

ISBN 978-3-8370-3851-4
Elisabeth Fürst

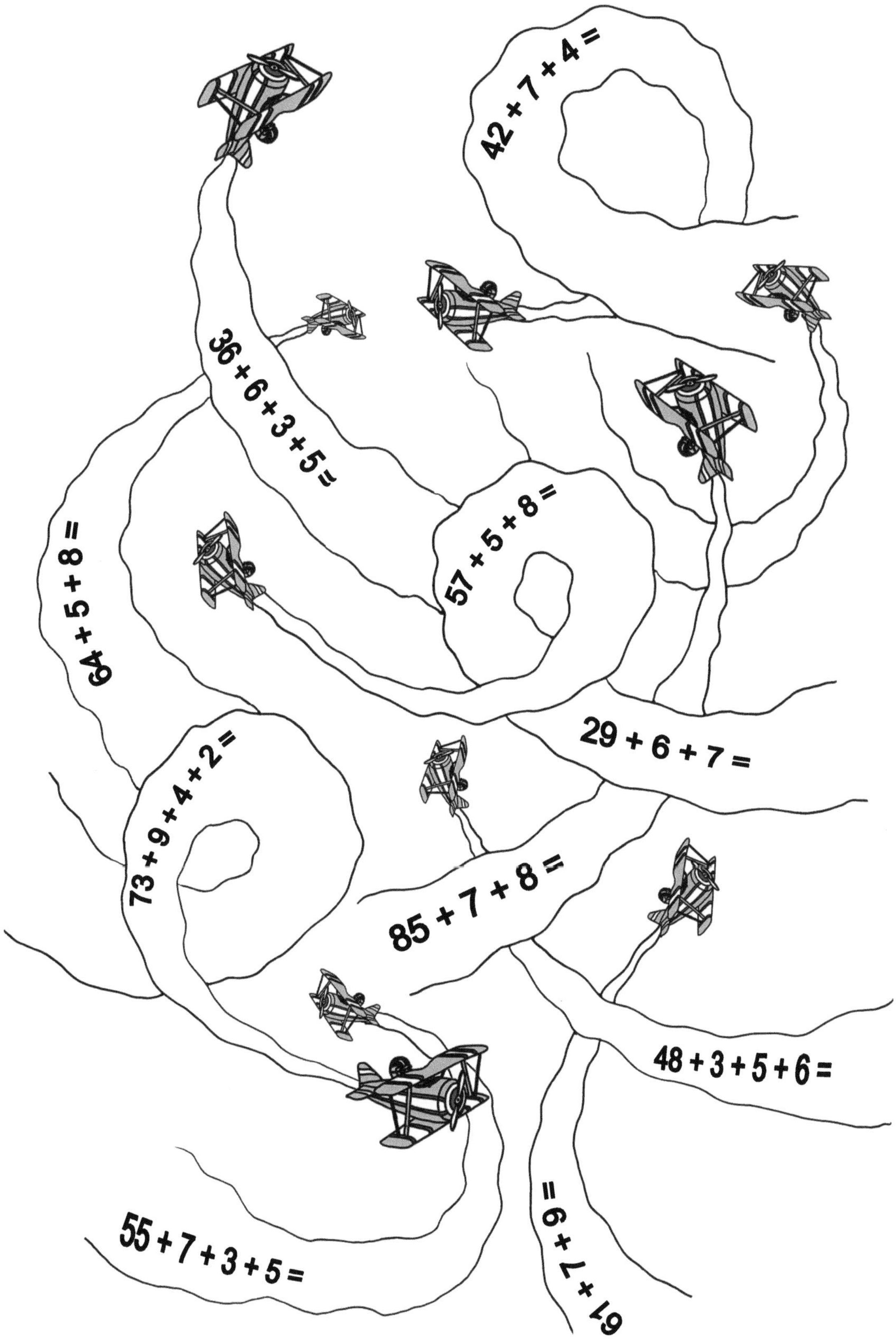

Rechnen im Zahlenraum 100

$42 + 7 + 4 =$

$36 + 6 + 3 + 5 =$

$64 + 5 + 8 =$

$57 + 5 + 8 =$

$29 + 6 + 7 =$

$73 + 9 + 4 + 2 =$

$85 + 7 + 8 =$

$48 + 3 + 5 + 6 =$

$55 + 7 + 3 + 5 =$

$61 + 7 + 9 =$

Elisabeth Fürst

ISBN 978-3-8370-3851-4

Rechne zuerst den Zehner und dann erst den Einer dazu!

32 + 25 =

$32 \xrightarrow{+\,20} \boxed{52} \xrightarrow{+\,5} = \square$

53 + 44 =

$53 \xrightarrow{+\,40} \bigcirc \xrightarrow{+\,4} = \square$

25 + 61 =

$25 \xrightarrow{+} \bigcirc \xrightarrow{+} = \square$

67 + 12 =

$67 \xrightarrow{+} \bigcirc \xrightarrow{+} = \square$

46 + 23 =

$46 \xrightarrow{+} \bigcirc \xrightarrow{+} = \square$

71 + 16 =

$71 \xrightarrow{+} \bigcirc \xrightarrow{+} = \square$

14 + 52 =

$14 \xrightarrow{+} \bigcirc \xrightarrow{+} = \square$

23 + 55 =

$23 \xrightarrow{+} \bigcirc \xrightarrow{+} = \square$

ISBN 978-3-8370-3851-4   Elisabeth Fürst

Rechne zuerst den Zehner und dann erst den Einer weg!

76 - 43 =

$76 \xrightarrow{-40} (36) \xrightarrow{-3} = \square$

84 - 32 =

$84 \xrightarrow{-30} (54) \xrightarrow{-2} = \square$

46 - 35 =

$46 \xrightarrow{-} \bigcirc \xrightarrow{-} = \square$

68 - 24 =

$68 \xrightarrow{-} \bigcirc \xrightarrow{-} = \square$

95 - 63 =

$95 \xrightarrow{-} \bigcirc \xrightarrow{+} = \square$

59 - 37 =

$59 \xrightarrow{-} \bigcirc \xrightarrow{-} = \square$

36 - 13 =

$36 \xrightarrow{-} \bigcirc \xrightarrow{-} = \square$

99 - 74 =

$99 \xrightarrow{-} \bigcirc \xrightarrow{-} = \square$

87 - 26 =

$87 \xrightarrow{-} \bigcirc \xrightarrow{+} = \square$

Elisabeth Fürst

ISBN 978-3-8370-3851-4

Rechenzüge

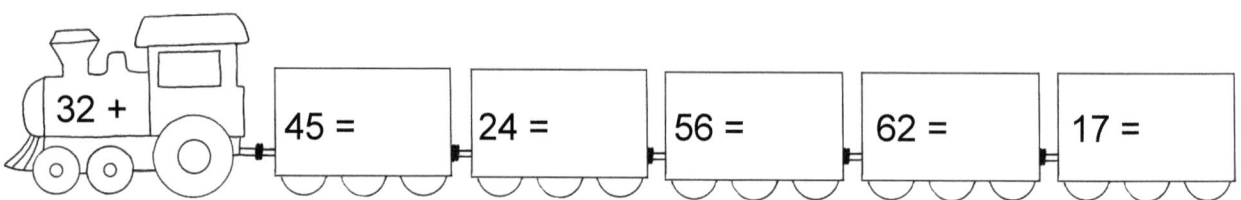

32 + | 45 = | 24 = | 56 = | 62 = | 17 =

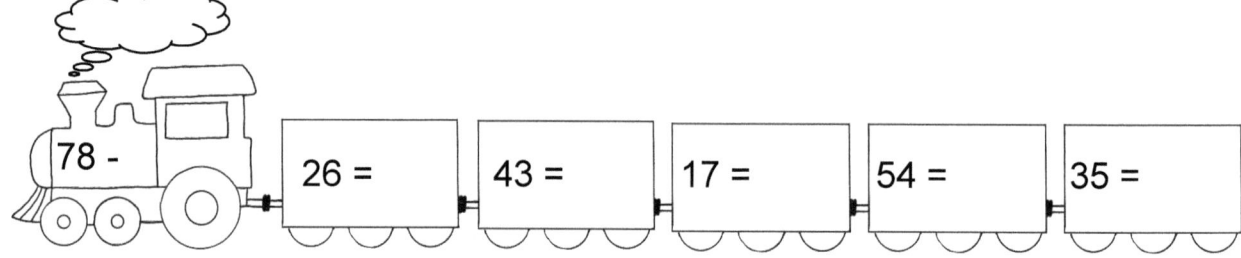

78 - | 26 = | 43 = | 17 = | 54 = | 35 =

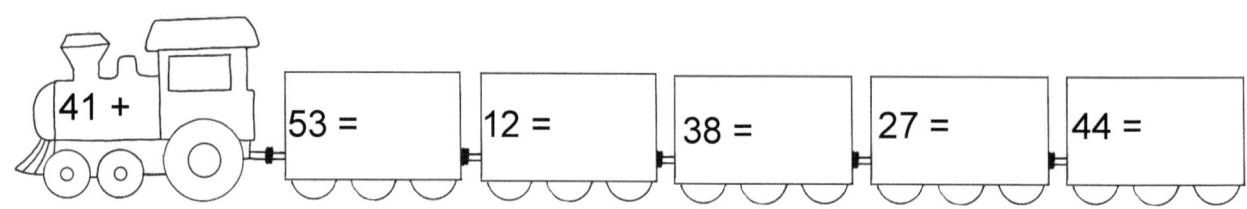

41 + | 53 = | 12 = | 38 = | 27 = | 44 =

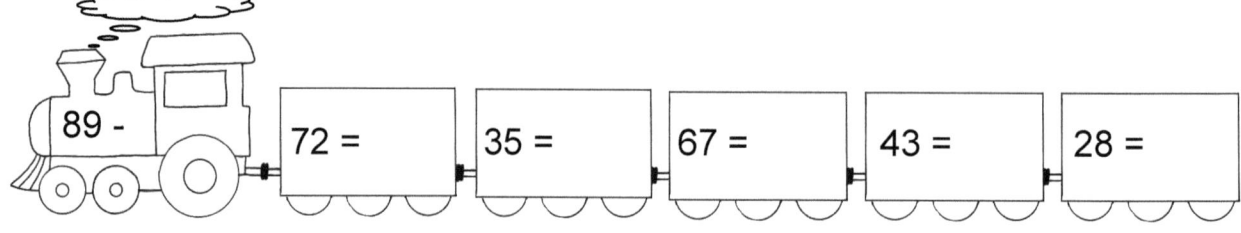

89 - | 72 = | 35 = | 67 = | 43 = | 28 =

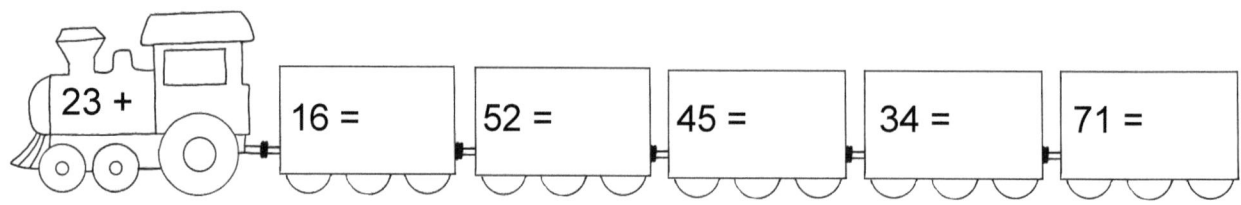

23 + | 16 = | 52 = | 45 = | 34 = | 71 =

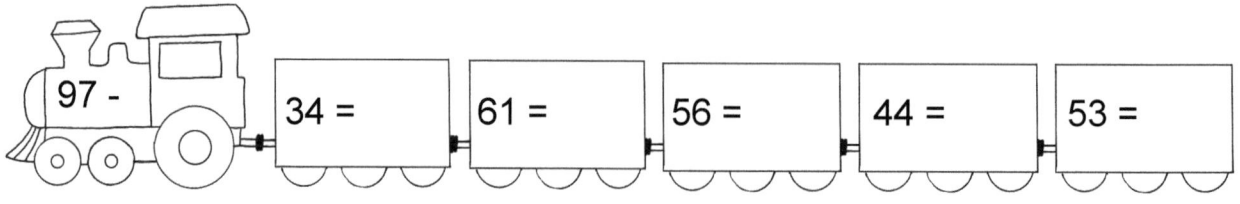

97 - | 34 = | 61 = | 56 = | 44 = | 53 =

ISBN 978-3-8370-3851-4

Elisabeth Fürst

34 + 45 =

57 + 21 =

23 + 62 =

72 + 16 =

45 + 53 =

13 + 64 =

27 + 31 =

84 + 12 =

36 + 32 =

53 + 16 =

56 + ⬚ = 88

14 + ⬚ = 79

43 + ⬚ = 67

71 + ⬚ = 95

33 + ⬚ = 68

67 + ⬚ = 99

28 + ⬚ = 59

12 + ⬚ = 66

42 + ⬚ = 79

34 + ⬚ = 95

21 +

38 = / 24 = / 56 = / 45 = / 72 = / 18 = / 33 = / 67 =

45 - 32 =

69 - 24 =

36 - 15 =

99 - 73 =

87 - 63 =

93 - 11 =

54 - 23 =

78 - 44 =

67 - 46 =

84 - 23 =

23 + ⬚ = 48

36 + ⬚ = 89

63 + ⬚ = 74

57 + ⬚ = 98

11 + ⬚ = 73

46 + ⬚ = 59

72 + ⬚ = 97

25 + ⬚ = 86

82 + ⬚ = 99

42 + ⬚ = 77

89 -

76 = / 12 = / 48 = / 65 = / 23 = / 34 = / 57 =

Elisabeth Fürst   ISBN 978-3-8370-3851-4

Die Rechenpyramide

Die berühmten *Pyramiden von Gise* stehen in Ägypten.
Wenn du die richtigen Buchstaben mit Hilfe der Lösungszahlen einsetzt, dann erhältst du den Namen der größten Pyramide.

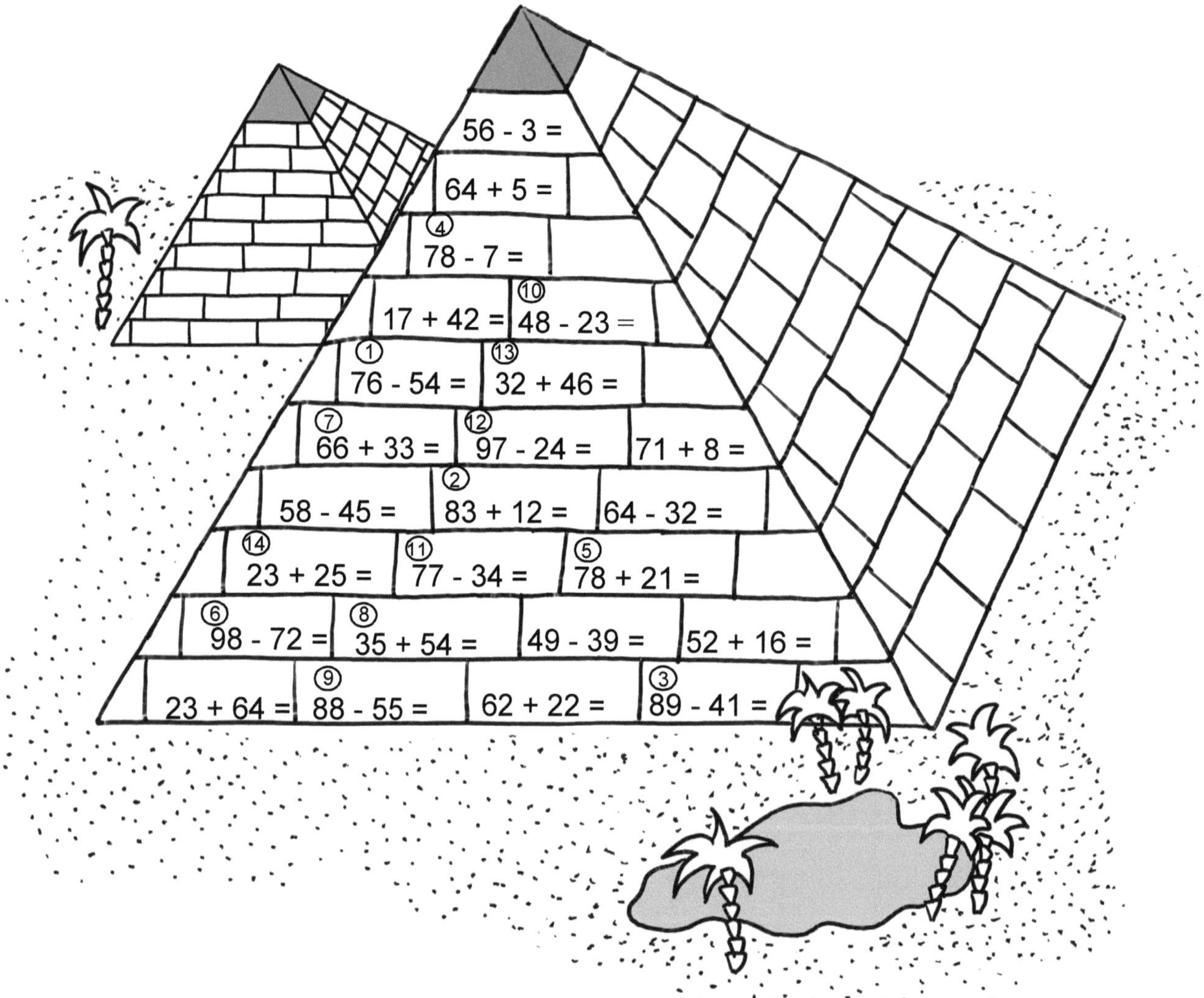

```
56 - 3 =

64 + 5 =

④ 78 - 7 =

17 + 42 =   ⑩ 48 - 23 =

① 76 - 54 =   ⑬ 32 + 46 =

⑦ 66 + 33 =   ⑫ 97 - 24 =   71 + 8 =

58 - 45 =   ② 83 + 12 =   64 - 32 =

⑭ 23 + 25 =   ⑪ 77 - 34 =   ⑤ 78 + 21 =

⑥ 98 - 72 =   ⑧ 35 + 54 =   49 - 39 =   52 + 16 =

23 + 64 =   ⑨ 88 - 55 =   62 + 22 =   ③ 89 - 41 =
```

22 = C	33 = R			
25 = A	43 = M	71 = O	78 = D	95 = H
26 = S	48 = E	73 = I	89 = Y	99 = P

1)	2)	3)	4)	5)	6)	7)	8)	9)	10)	11)	12)	13)	14)

ISBN 978-3-8370-3851-4
Elisabeth Fürst

Rechne zuerst den Zehner und dann erst den Einer dazu!

28 + 34 =

$28 \xrightarrow{+ 30} \boxed{58} \xrightarrow{+ 4} = \square$

67 + 25 =

$67 \xrightarrow{+} \bigcirc \xrightarrow{+} = \square$

59 + 23 =

$59 \xrightarrow{+} \bigcirc \xrightarrow{+} = \square$

46 + 48 =

$46 \xrightarrow{+} \bigcirc \xrightarrow{+} = \square$

35 + 58 =

$35 \xrightarrow{+} \bigcirc \xrightarrow{+} = \square$

74 + 19 =

$74 \xrightarrow{+} \bigcirc \xrightarrow{+} = \square$

24 + 57 =

$24 \xrightarrow{+} \bigcirc \xrightarrow{+} = \square$

53 + 28 =

$53 \xrightarrow{+} \bigcirc \xrightarrow{+} = \square$

Gut gemacht!
Du bist schon ein
richtiger Rechenmeister!

45 + 39 =

$45 \xrightarrow{+} \bigcirc \xrightarrow{+} = \square$

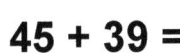

Elisabeth Fürst

ISBN 978-3-8370-3851-4

Rechne zuerst den Zehner und dann erst den Einer weg!

93 - 56 =

$93 \xrightarrow{-50} (43) \xrightarrow{-6} = \square$

52 - 27 =

$52 \xrightarrow{-} \bigcirc \xrightarrow{-} = \square$

74 - 35 =

$74 \xrightarrow{-} \bigcirc \xrightarrow{-} = \square$

85 - 49 =

$85 \xrightarrow{-} \bigcirc \xrightarrow{-} = \square$

61 - 23 =

$61 \xrightarrow{-} \bigcirc \xrightarrow{-} = \square$

92 - 64 =

$92 \xrightarrow{-} \bigcirc \xrightarrow{-} = \square$

86 - 19 =

$86 \xrightarrow{-} \bigcirc \xrightarrow{-} = \square$

47 - 28 =

$47 \xrightarrow{-} \bigcirc \xrightarrow{-} = \square$

ISBN 978-3-8370-3851-4   Elisabeth Fürst

Die kleinen Raupen sind zu wunderschönen Schmetterlingen geworden.
Finde mit Hilfe der Rechnungen heraus, welche Raupe zu welchem Schmetterling
geworden ist!

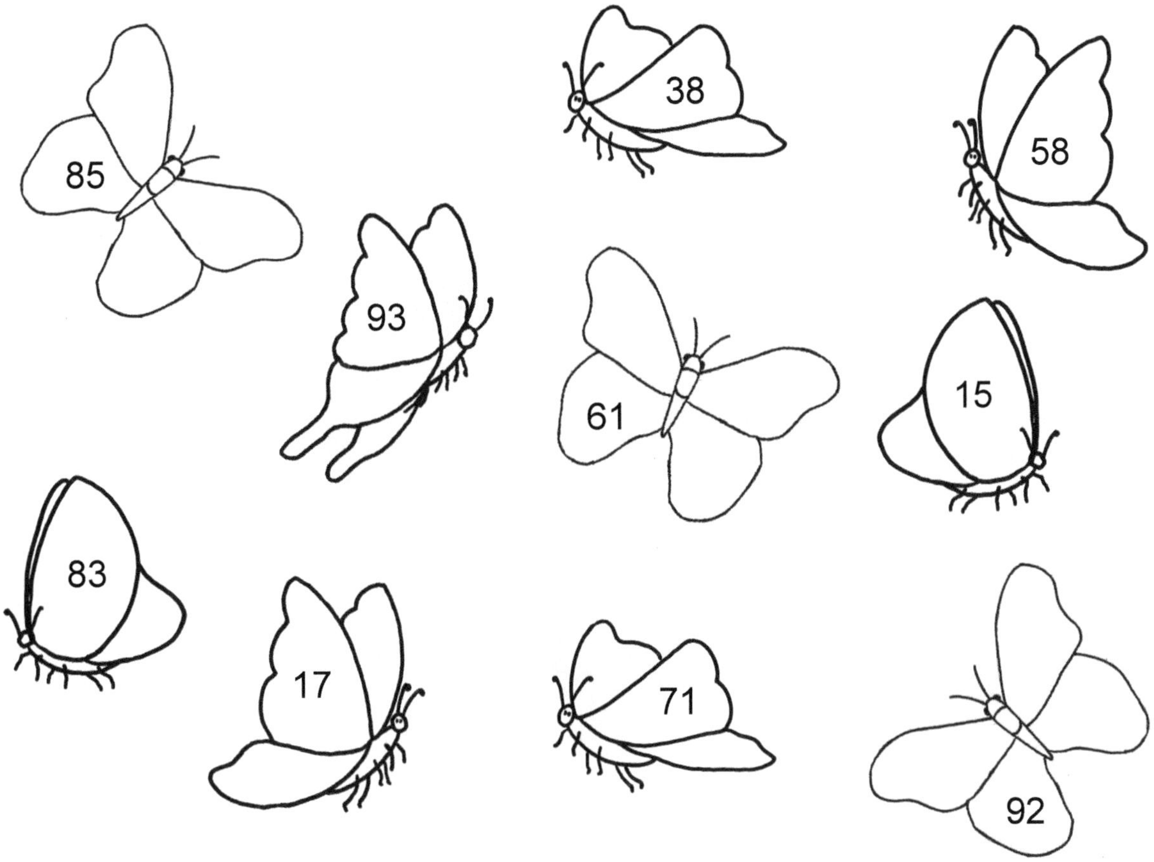

85

38

58

93

61

15

83

17

71

92

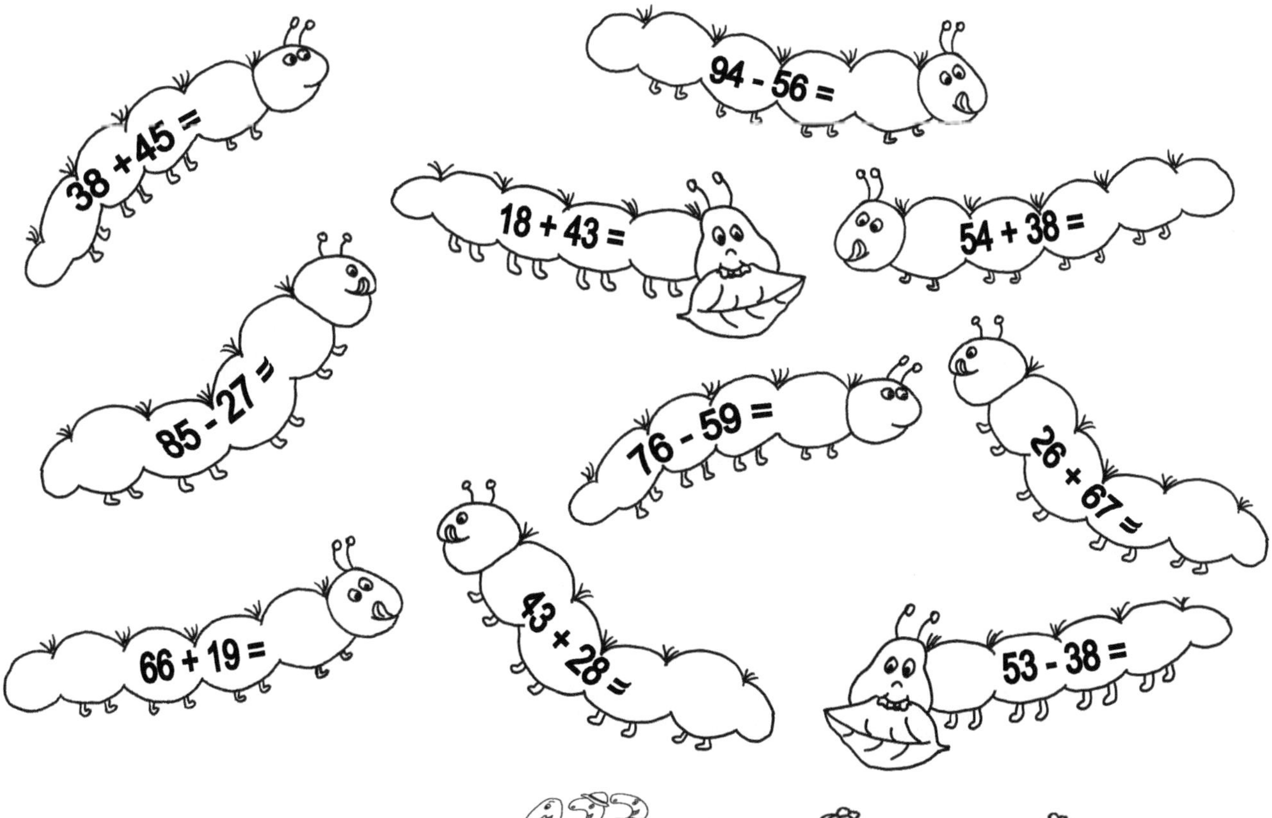

94 - 56 =

38 + 45 =

18 + 43 =

54 + 38 =

85 - 27 =

76 - 59 =

26 + 67 =

66 + 19 =

43 + 28 =

53 - 38 =

Elisabeth Fürst

ISBN 978-3-8370-3851-4

Was hat der kleine Pinguin denn da aus dem Wasser gefischt?
Bemale die richtigen Lösungsfelder!

46 + 27 = ☐

57 + 34 = ☐

38 + 26 = ☐

63 + 19 = ☐

17 + 75 = ☐

48 + 46 = ☐

52 + 29 = ☐

36 + 47 = ☐

72 + 28 = ☐

39 + 24 = ☐

83 - 47 = ☐

65 - 39 = ☐

94 - 56 = ☐

52 - 33 = ☐

76 - 28 = ☐

41 - 16 = ☐

87 - 59 = ☐

73 - 64 = ☐

62 - 27 = ☐

55 - 48 = ☐

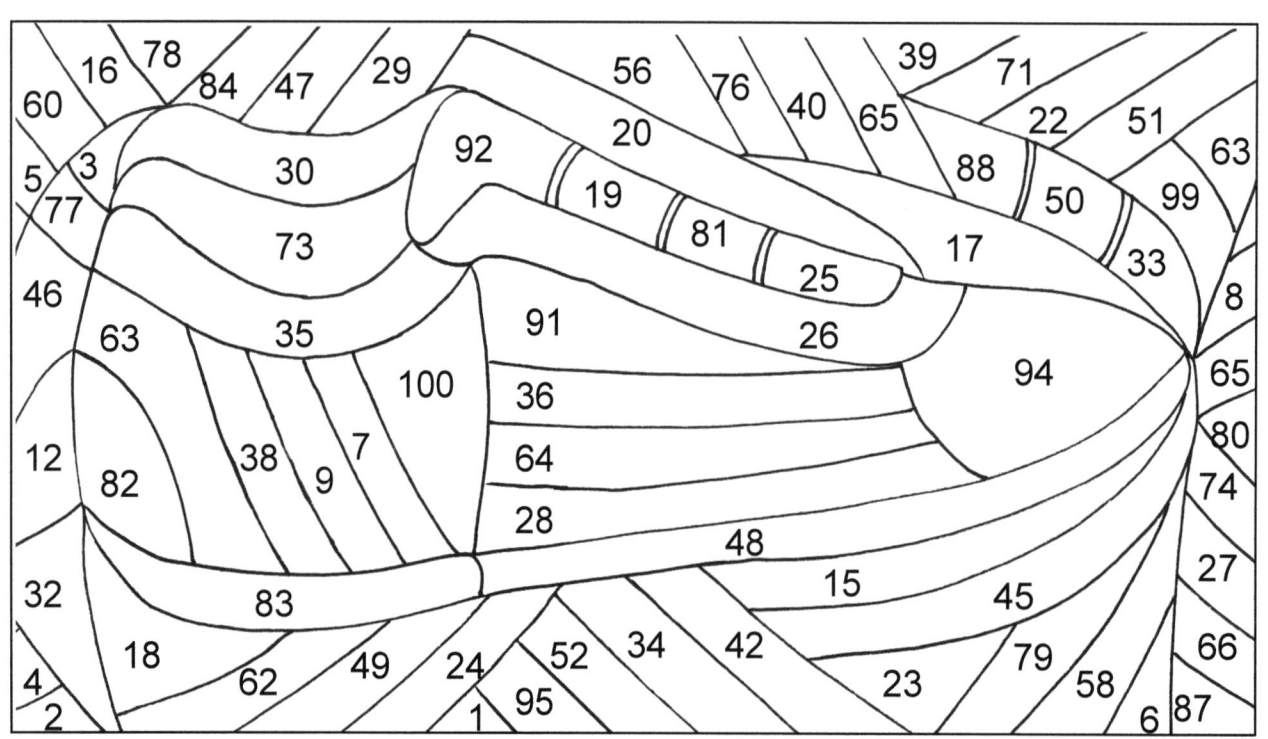

ISBN 978-3-8370-3851-4

Elisabeth Fürst

Was gehört wem? Rechne aus und ordne den Clowns die richtigen Dinge zu!

56

47

65

38 + 27 =

84 - 28 =

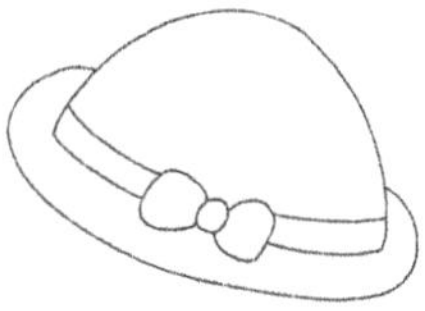

9 + 38 =

66 - 19 =

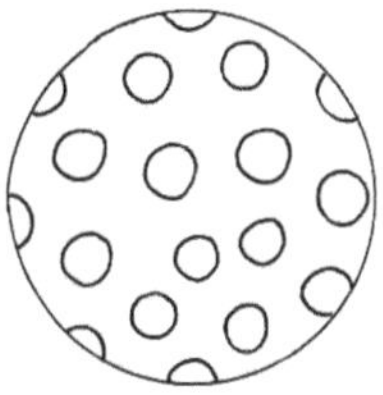

24 + 32 =

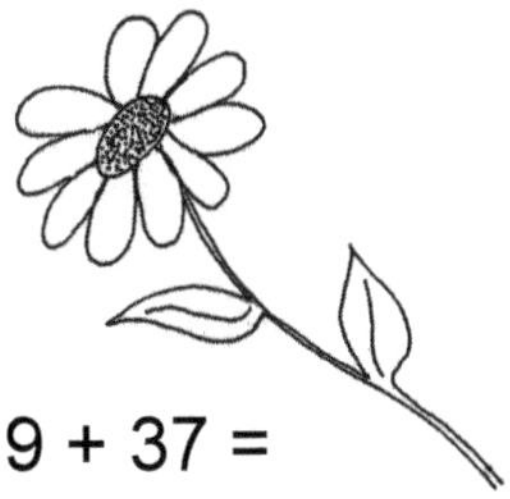

19 + 37 =

93 - 28 =

74 - 27=

29 + 18 =

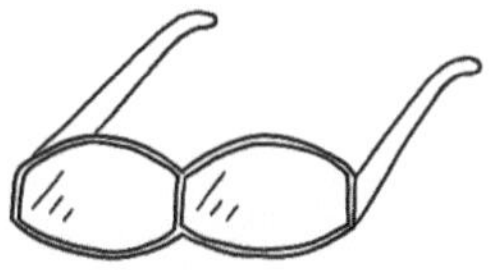

82 - 17 =

49 + 16 =

95 - 39 =

Elisabeth Fürst   ISBN 978-3-8370-3851-4

Rechnen im Zahlenraum 100

Wie viel kosten die Leckereien beim Bäcker? Kannst du das Rätsel lösen?
Verwende die Backwaren im Kästchen zur Lösung der Aufgaben!

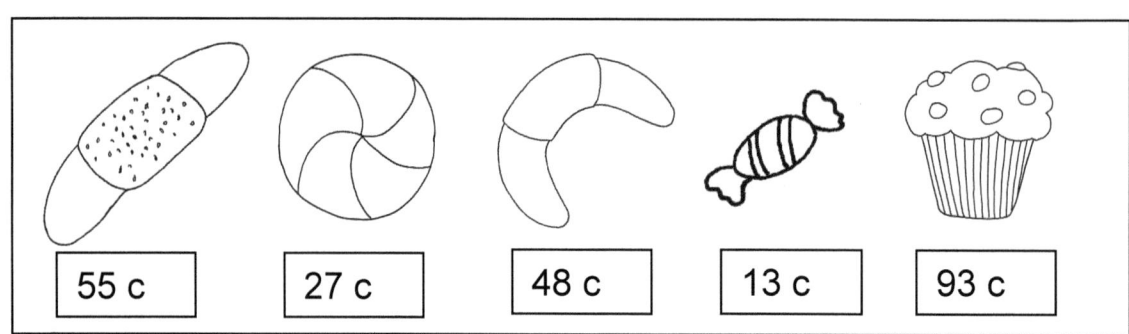

55 c   27 c   48 c   13 c   93 c

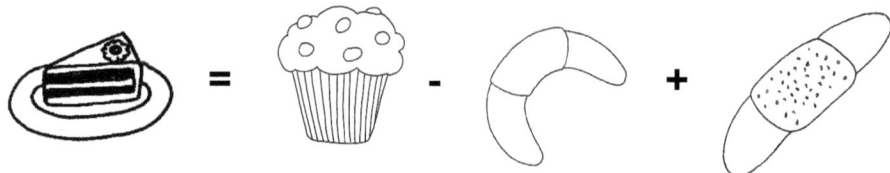

Torte = ☐ - ☐ + ☐   Preis: ☐ c

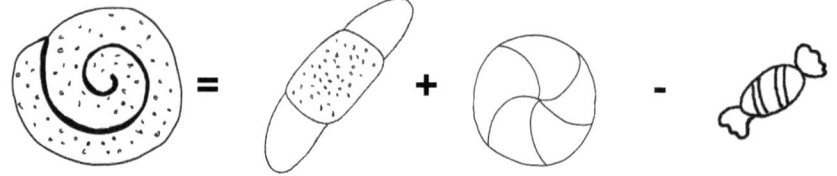

Nuss-schnecke = ☐ + ☐ - ☐   Preis: ☐ c

Mohn-krone = ☐ - ☐ + ☐   Preis: ☐ c

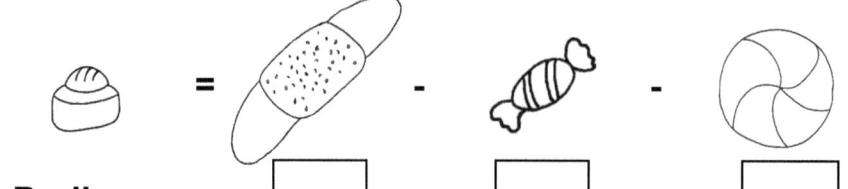

Praline = ☐ - ☐ - ☐   Preis: ☐ c

ISBN 978-3-8370-3851-4
Elisabeth Fürst

Einmaleins

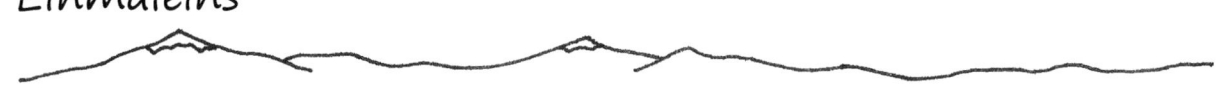

Wie oft mal?

Tom nimmt 4 mal 2 Äpfel.   **4 · 2**

Kreise nun richtig ein!

1. Petra nimmt 2 mal 3 Birnen.   **2 · 3**

2. Andi nimmt 5 mal 2 Zitronen.   **5 · 2**

3. Sabine nimmt 3 mal 4 Orangen.   **3 · 4**

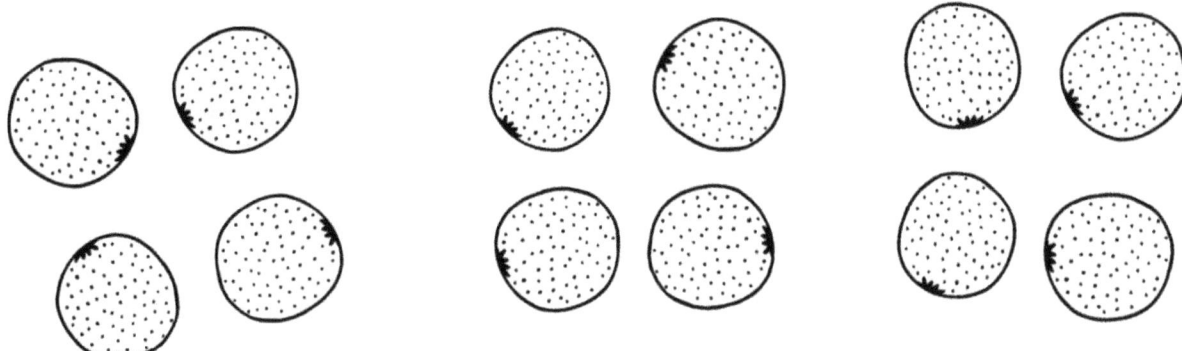

Elisabeth Fürst   ISBN 978-3-8370-3851-4

Wie oft mal?

Zeichne nun selber die passenden Bilder! Wie lautet die Rechnung?

1. Ramona nimmt 6 mal 3 Bananen.

R:

2. Paul nimmt 7 mal 2 Kirschen.

R:

3. Mama nimmt 4 mal 3 Pilze.

R:

4. Julian nimmt 1 mal 2 Kürbisse.

R:

5. Nina nimmt 8 mal 2 Äpfel.

R:

ISBN 978-3-8370-3851-4   Elisabeth Fürst

Die 2er - Reihe

Wie viele Kirschen sind es? Finde die Ergebnisse selbst heraus!

$1 \cdot 2 =$

2

$2 \cdot 2 =$

2 + 2

$3 \cdot 2 =$

2 + 2 + 2

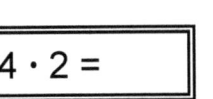

$4 \cdot 2 =$

2 + 2 + 2 + 2

$5 \cdot 2 =$

2 + 2 + 2 + 2 + 2

$6 \cdot 2 =$

2 + 2 + 2 + 2 + 2 + 2

$7 \cdot 2 =$

2 + 2 + 2 + 2 + 2 + 2 + 2

$8 \cdot 2 =$

2 + 2 + 2 + 2 + 2 + 2 + 2 + 2

$9 \cdot 2 =$

2 + 2 + 2 + 2 + 2 + 2 + 2 + 2 + 2

$10 \cdot 2 =$

2 + 2 + 2 + 2 + 2 + 2 + 2 + 2 + 2 + 2

Elisabeth Fürst   ISBN 978-3-8370-3851-4

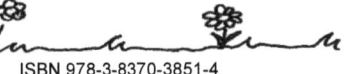

Einmaleins

Peter sortiert seine Socken. Kannst du ihm helfen?
Bemale die Socken die zusammengehören in der selben Farbe!

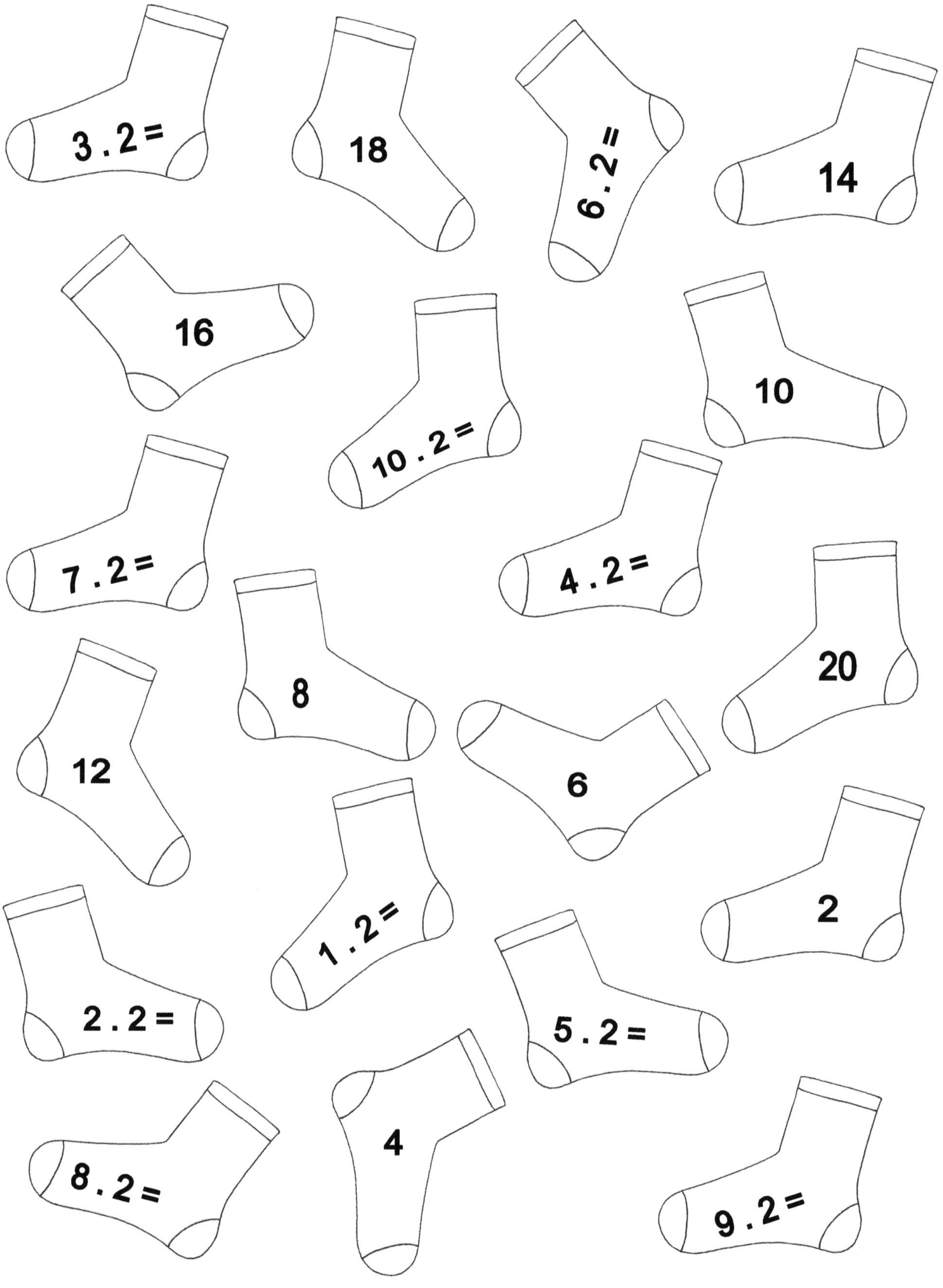

3 . 2 =

18

6 . 2 =

14

16

10 . 2 =

10

7 . 2 =

4 . 2 =

8

20

12

6

2 . 2 =

1 . 2 =

5 . 2 =

2

8 . 2 =

4

9 . 2 =

ISBN 978-3-8370-3851-4

Elisabeth Fürst

Die 3er - Reihe

Wie viele Bananen sind es? Finde die Ergebnisse selbst heraus!

3

$1 \cdot 3 =$

3 + 3

$2 \cdot 3 =$

3 + 3 + 3

$3 \cdot 3 =$

3 + 3 + 3 + 3

$4 \cdot 3 =$

3 + 3 + 3 + 3 + 3

$5 \cdot 3 =$

3 + 3 + 3 + 3 + 3 + 3

$6 \cdot 3 =$

3 + 3 + 3 + 3 + 3 + 3 + 3

$7 \cdot 3 =$

3 + 3 + 3 + 3 + 3 + 3 + 3 + 3

$8 \cdot 3 =$

3 + 3 + 3 + 3 + 3 + 3 + 3 + 3 + 3

$9 \cdot 3 =$

3 + 3 + 3 + 3 + 3 + 3 + 3 + 3 + 3 + 3

$10 \cdot 3 =$

Elisabeth Fürst   ISBN 978-3-8370-3851-4

Einmaleins

Der Bauer erntet nur Salatköpfe mit den Ergebnissen aus der
3er - Reihe. Hilfst du ihm bei der Suche?
Bemale die richtigen Salatköpfe!

ISBN 978-3-8370-3851-4

Elisabeth Fürst

Die 4er - Reihe

Wie viele Tulpen sind es? Finde die Ergebnisse selbst heraus!

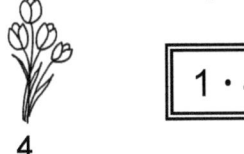

$1 \cdot 4 =$

4

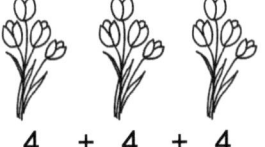

$2 \cdot 4 =$

4 + 4

$3 \cdot 4 =$

4 + 4 + 4

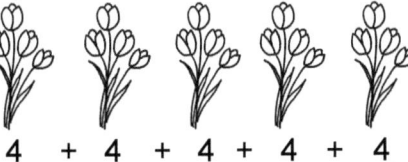

$4 \cdot 4 =$

4 + 4 + 4 + 4

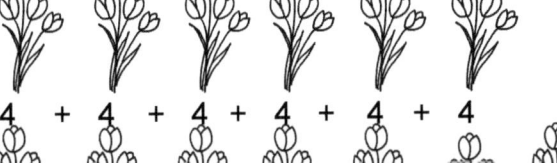

$5 \cdot 4 =$

4 + 4 + 4 + 4 + 4

$6 \cdot 4 =$

4 + 4 + 4 + 4 + 4 + 4

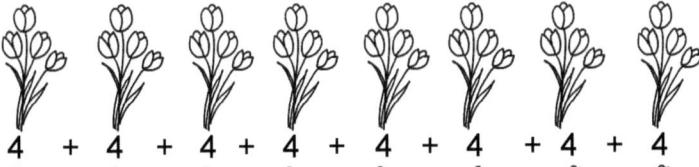

$7 \cdot 4 =$

4 + 4 + 4 + 4 + 4 + 4 + 4

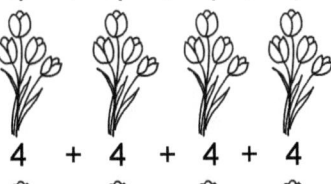

$8 \cdot 4 =$

4 + 4 + 4 + 4 + 4 + 4 + 4 + 4

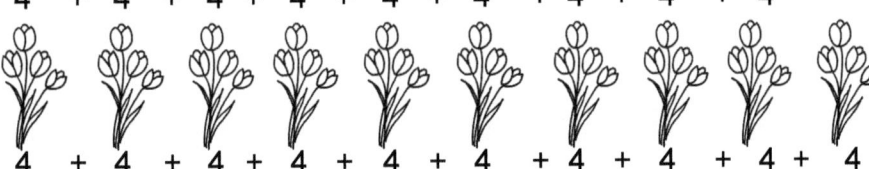

$9 \cdot 4 =$

4 + 4 + 4 + 4 + 4 + 4 + 4 + 4 + 4

$10 \cdot 4 =$

4 + 4 + 4 + 4 + 4 + 4 + 4 + 4 + 4 + 4

Elisabeth Fürst ISBN 978-3-8370-3851-4

Einmaleins

Die fleißige Biene sammelt viel Blütenstaub bevor sie zum Bienenstock fliegt. Sie nimmt auf ihrem Weg aber nur Blüten mit Ergebnissen aus der **4er - Reihe**. Bemale die richtigen Blumen!

ISBN 978-3-8370-3851-4   Elisabeth Fürst

Einmaleins

Die 5er - Reihe

Jede Hand hat 5 Finger. Finde die Rechnungen zu den Bildern und rechne aus!

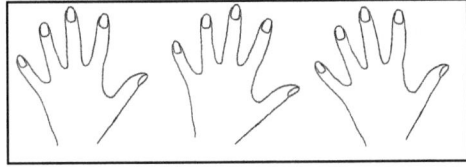

5	+	5	+	5	=	☐

3	•	5	=	☐

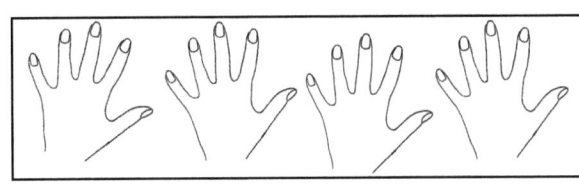

☐ + ☐ + ☐ + ☐ = ☐

☐ • ☐ = ☐

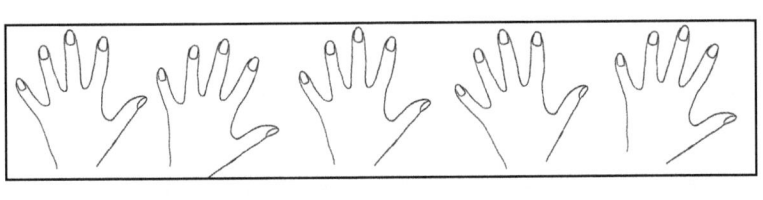

☐ + ☐ + ☐ + ☐ + ☐ = ☐

☐ • ☐ = ☐

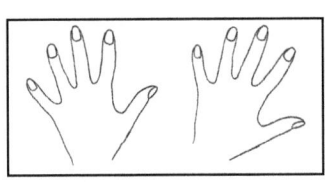

☐ + ☐ = ☐

☐ • ☐ = ☐

Die 6er - Reihe

Immer 6 Luftballons sind zusammengebunden. Finde die Rechnungen!

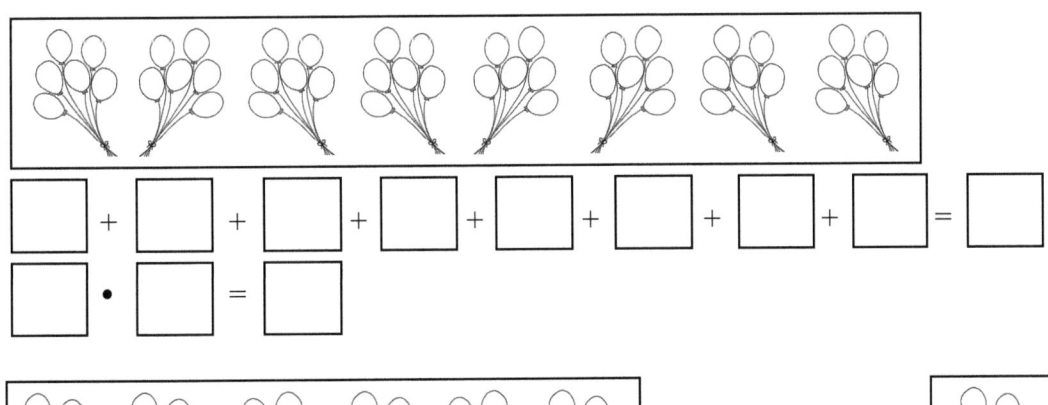

☐ + ☐ + ☐ + ☐ + ☐ + ☐ + ☐ + ☐ = ☐

☐ • ☐ = ☐

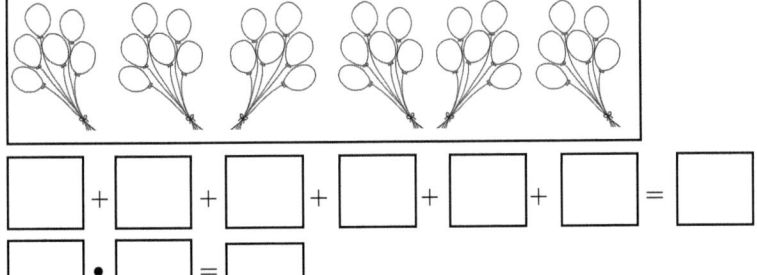

☐ + ☐ + ☐ + ☐ + ☐ + ☐ = ☐

☐ • ☐ = ☐

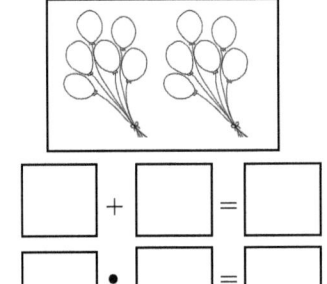

☐ + ☐ = ☐

☐ • ☐ = ☐

Elisabeth Fürst   ISBN 978-3-8370-3851-4

Der Perlentaucher

Der Taucher sucht nach Perlen. Aber nur in den Muscheln mit den Ergebnissen
der **6er - Reihe** findet er die kostbaren Perlen. Kannst du ihm helfen?
Bemale die richtigen Muscheln!

ISBN 978-3-8370-3851-4

Elisabeth Fürst

Einmaleins

Die 7er - Reihe

In jeder Packung sind 7 Stifte.
Finde die passenden Rechnungen zu den Bildern und rechne aus!

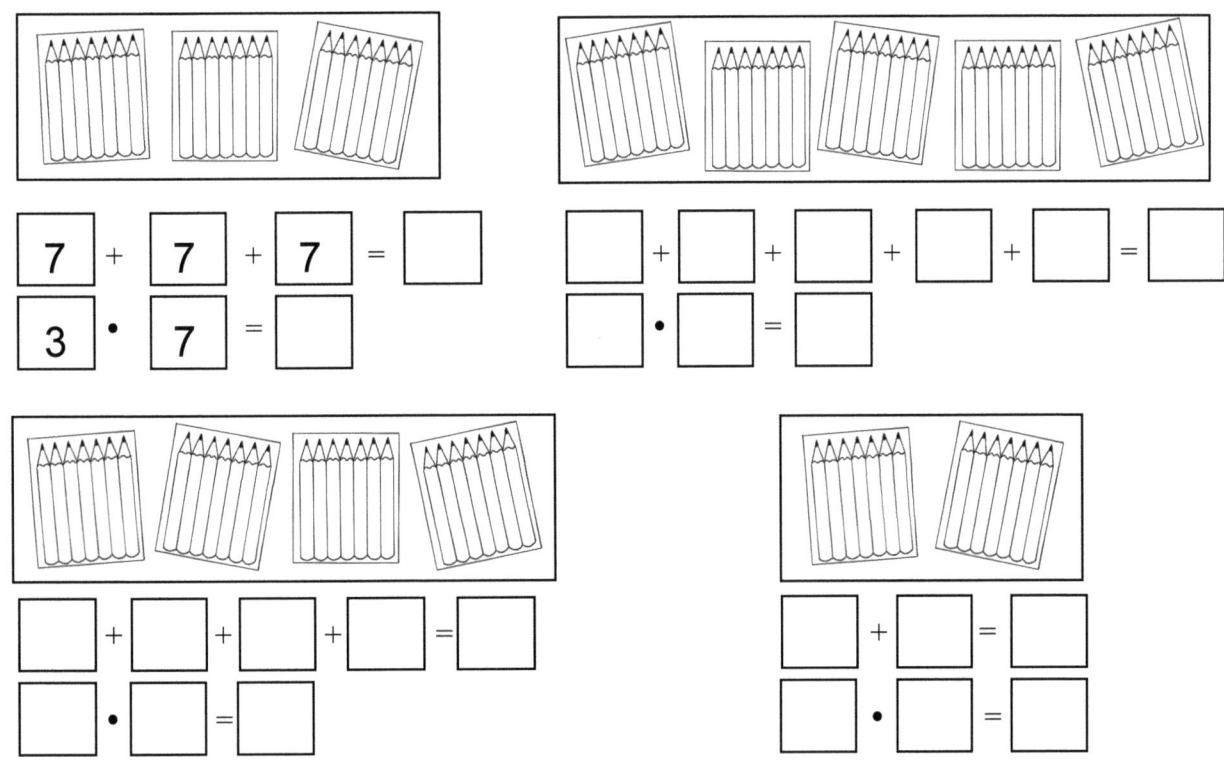

Die 8er - Reihe

In jeder Packung sind 8 Bonbons! Finde die Rechnungen und rechne aus!

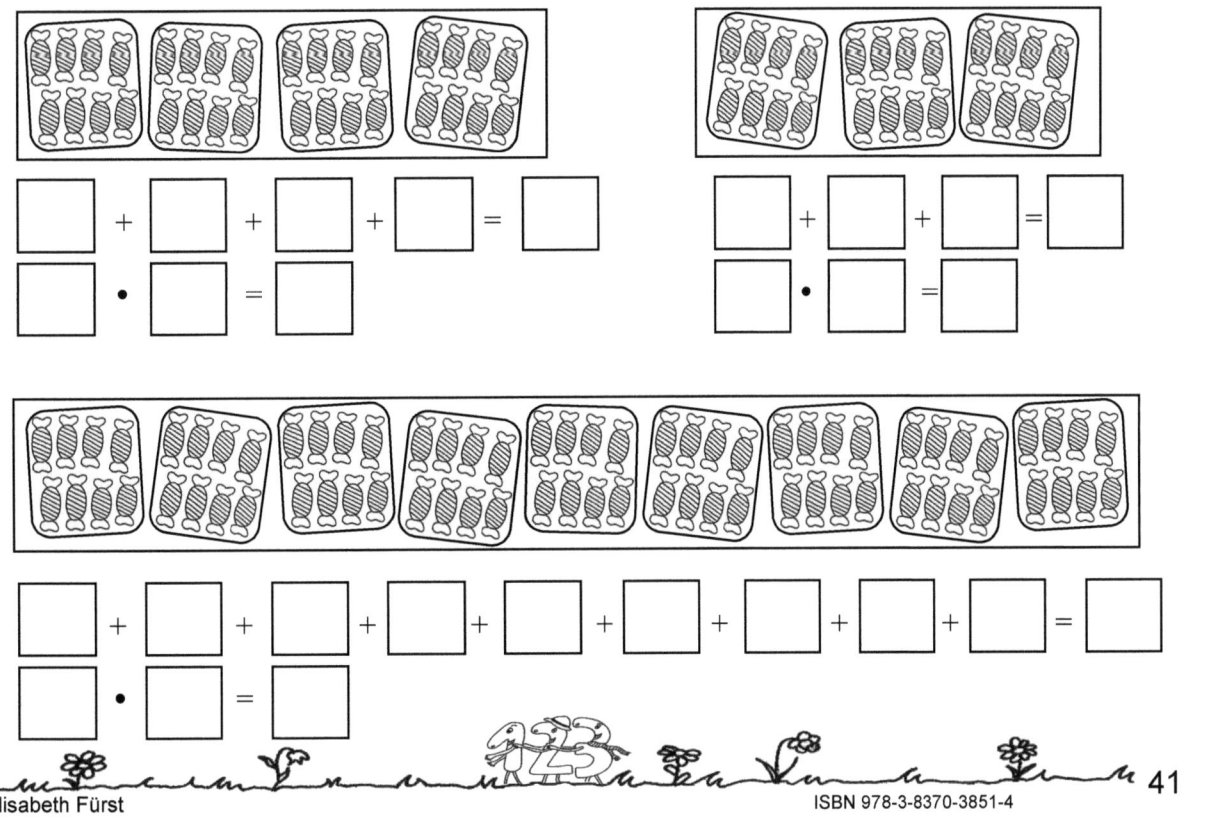

Elisabeth Fürst   ISBN 978-3-8370-3851-4

Schneewittchen und die 7 Zwerge

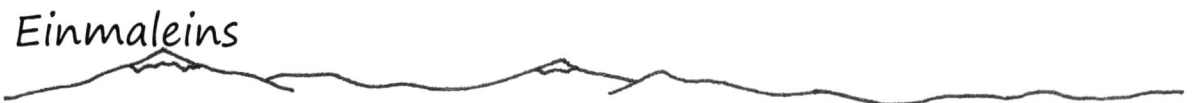

Schneewittchen kocht für die 7 Zwerge. Sie rechnet aus, wie viel Stück sie
von den verschiedenen Lebensmitteln einkaufen muss.

Zum Frühstück bekommt jeder Zwerg **2 Eier** und **4 Stück Toastbrot**.

Zu Mittag bereitet sie für jeden Zwerg **5** kleine **Möhren**, **3 Kartoffel**
und **1 Stück Fleisch** zu. Zum Dessert erhält jeder Zwerg **9 Plätzchen**.

Zum Abendessen gibt es für jeden Zwerg **2 Brötchen**, **8 Scheiben Wurst**,
7 Scheiben Käse und **6 Stück Kirschtomaten**.

Hilf Schneewittchen beim Rechnen und trage die richtigen Ergebnisse in den
Listen ein!

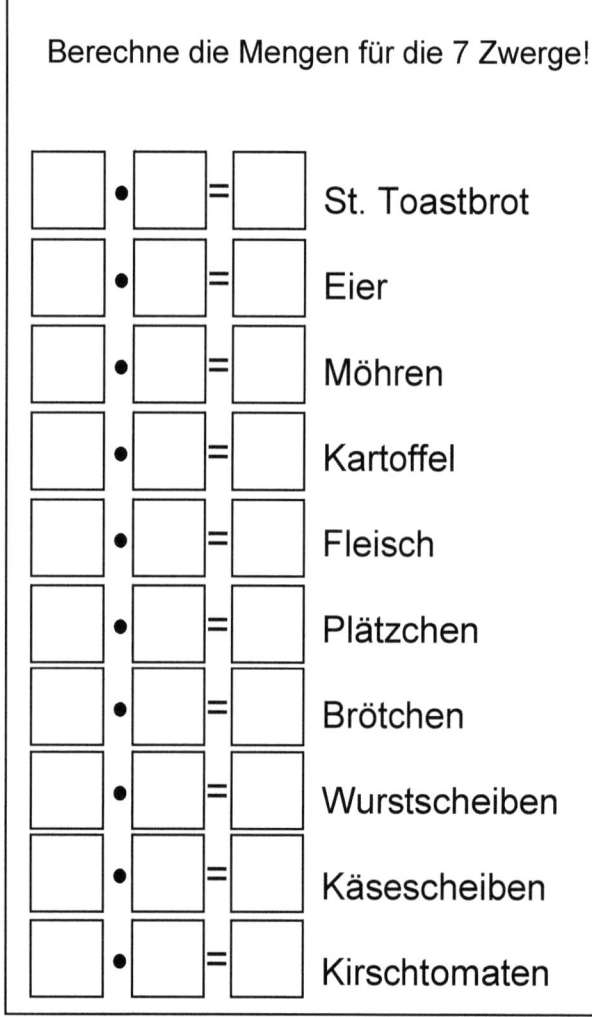

Berechne die Mengen für die 7 Zwerge!

☐ • ☐ = ☐ St. Toastbrot
☐ • ☐ = ☐ Eier
☐ • ☐ = ☐ Möhren
☐ • ☐ = ☐ Kartoffel
☐ • ☐ = ☐ Fleisch
☐ • ☐ = ☐ Plätzchen
☐ • ☐ = ☐ Brötchen
☐ • ☐ = ☐ Wurstscheiben
☐ • ☐ = ☐ Käsescheiben
☐ • ☐ = ☐ Kirschtomaten

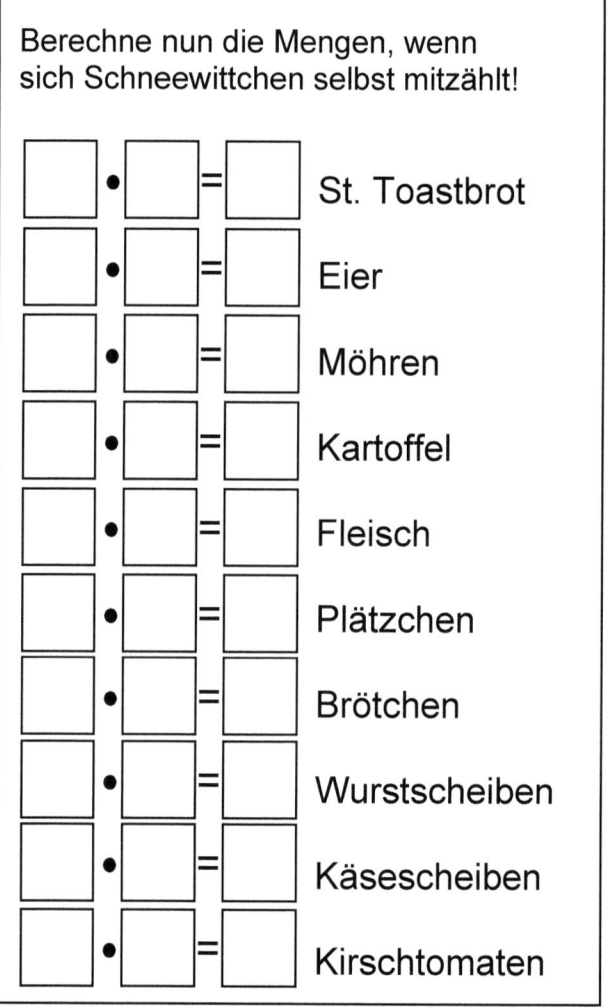

Berechne nun die Mengen, wenn
sich Schneewittchen selbst mitzählt!

☐ • ☐ = ☐ St. Toastbrot
☐ • ☐ = ☐ Eier
☐ • ☐ = ☐ Möhren
☐ • ☐ = ☐ Kartoffel
☐ • ☐ = ☐ Fleisch
☐ • ☐ = ☐ Plätzchen
☐ • ☐ = ☐ Brötchen
☐ • ☐ = ☐ Wurstscheiben
☐ • ☐ = ☐ Käsescheiben
☐ • ☐ = ☐ Kirschtomaten

ISBN 978-3-8370-3851-4   Elisabeth Fürst

Einmaleins

Die 9er - Reihe

Auf jedem Teller liegen 9 Lebkuchen. Finde die Rechnungen und rechne aus!

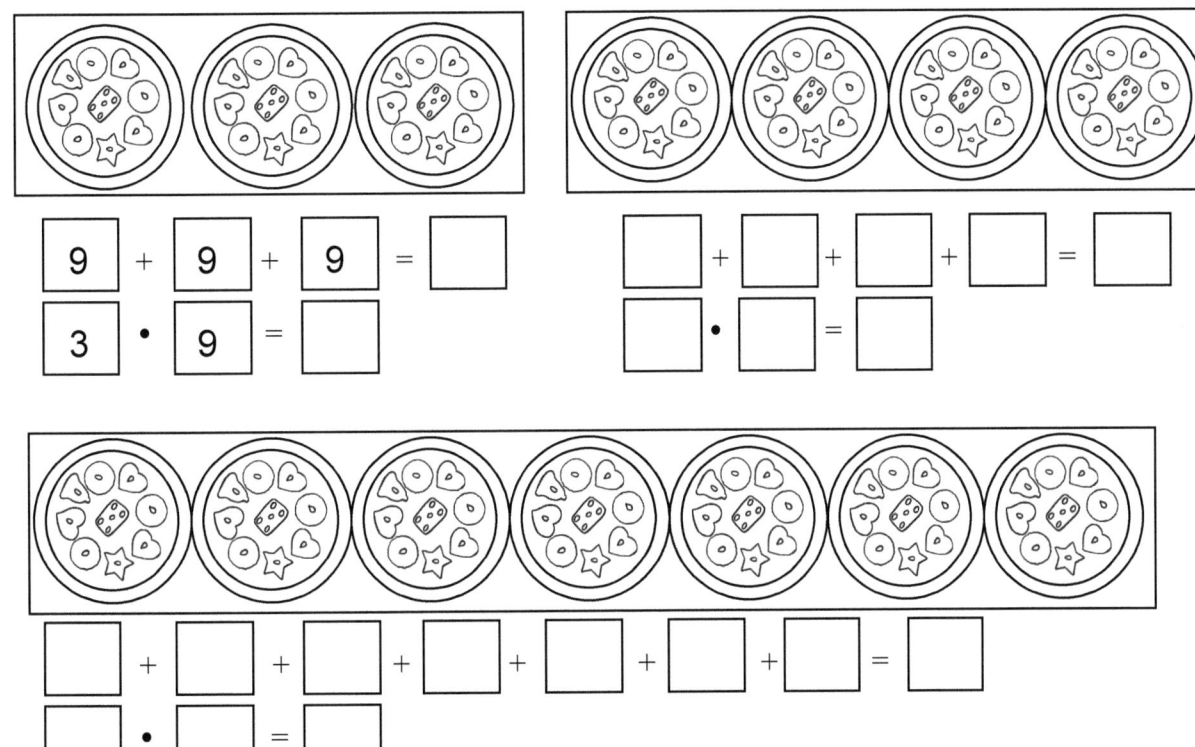

| 9 | + | 9 | + | 9 | = | |

| 3 | • | 9 | = | |

| | + | | + | | + | | = | |

| | • | | = | |

| | + | | + | | + | | + | | + | | + | | = | |

| | • | | = | |

Die 10er - Reihe

In jedem Eierkarton sind 10 Eier. Finde die Rechnungen und rechne aus!

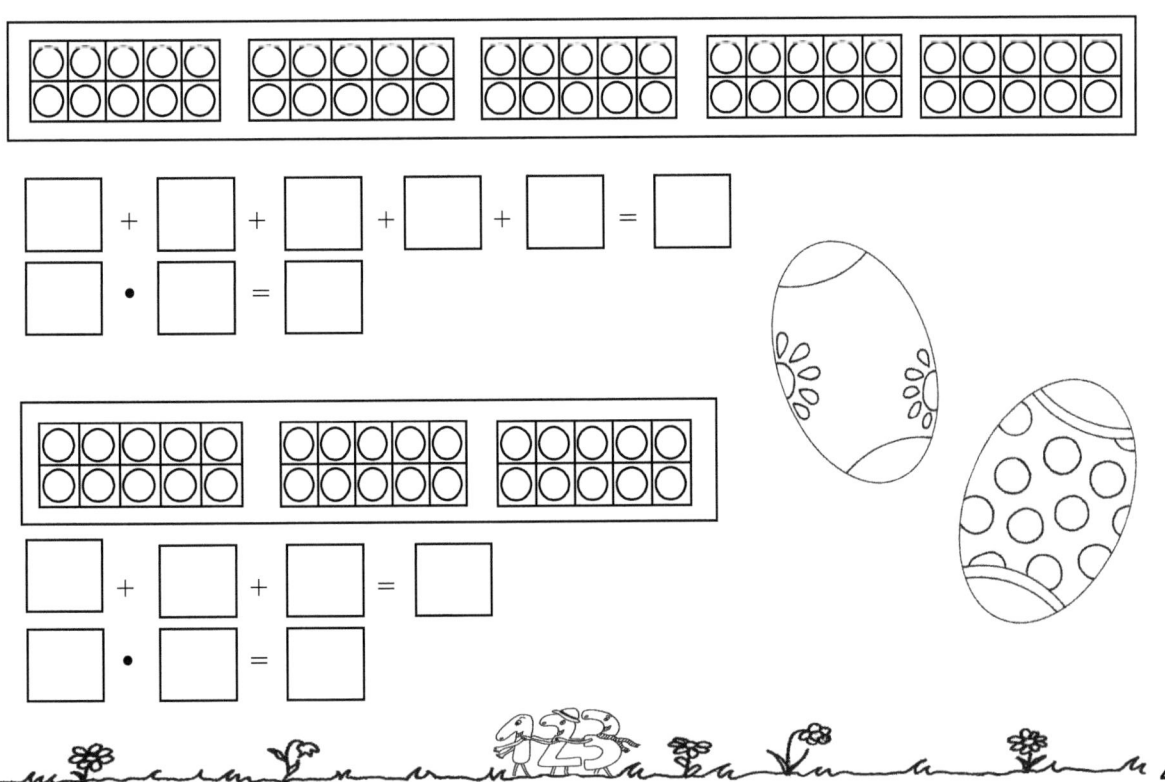

| | + | | + | | + | | + | | = | |

| | • | | = | |

| | + | | + | | = | |

| | • | | = | |

Elisabeth Fürst   ISBN 978-3-8370-3851-4

Einmaleins

Der kleine Osterhase soll Muster auf die Ostereier malen. Er muss sich aber genau an die Vorgabe halten. Kannst du ihm dabei helfen?

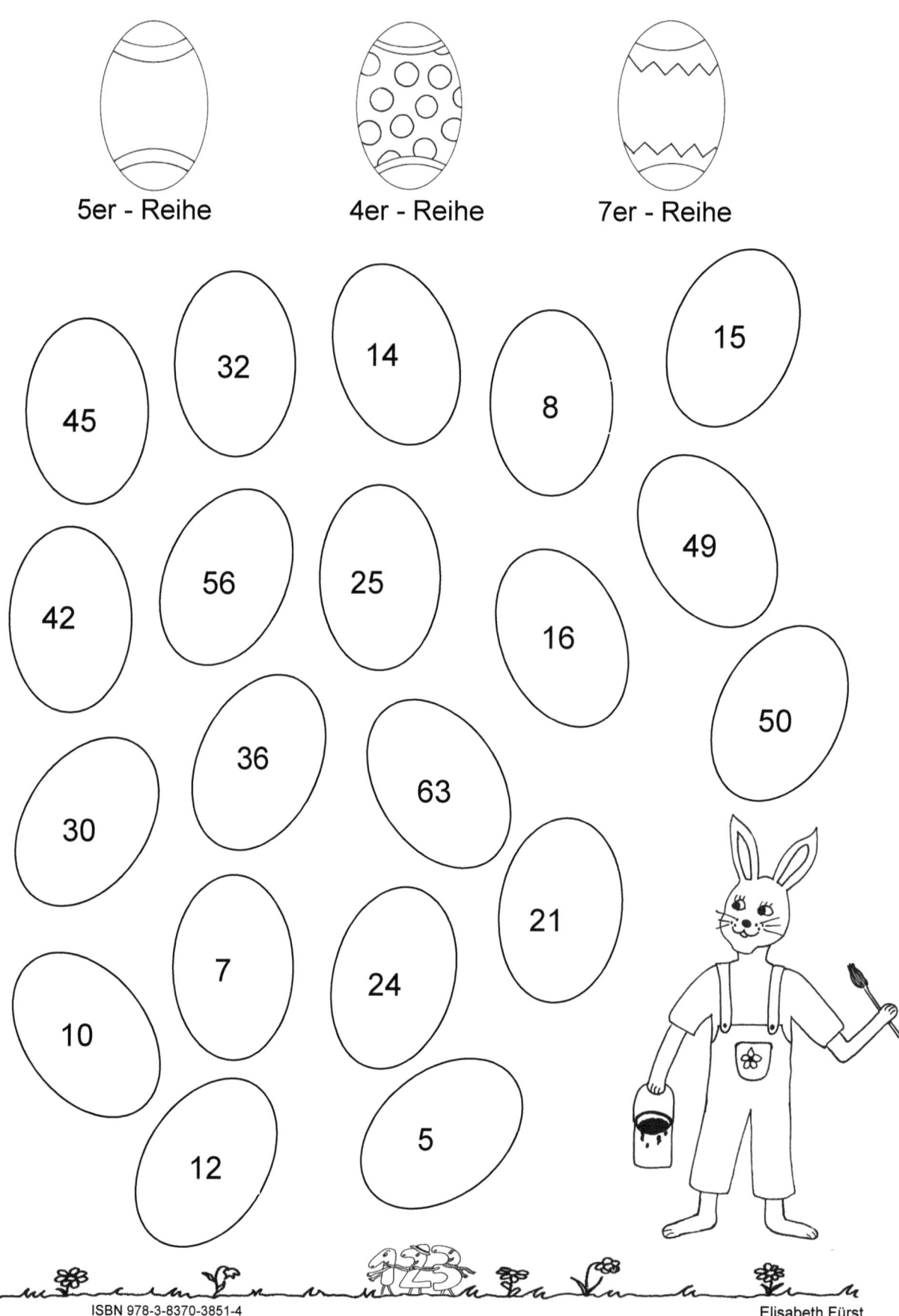

5er - Reihe   4er - Reihe   7er - Reihe

ISBN 978-3-8370-3851-4

Elisabeth Fürst

Einmaleins

Jede Raupe hat eine Einmaleins - Reihe verschluckt. Ergänze die fehlenden Zahlen!

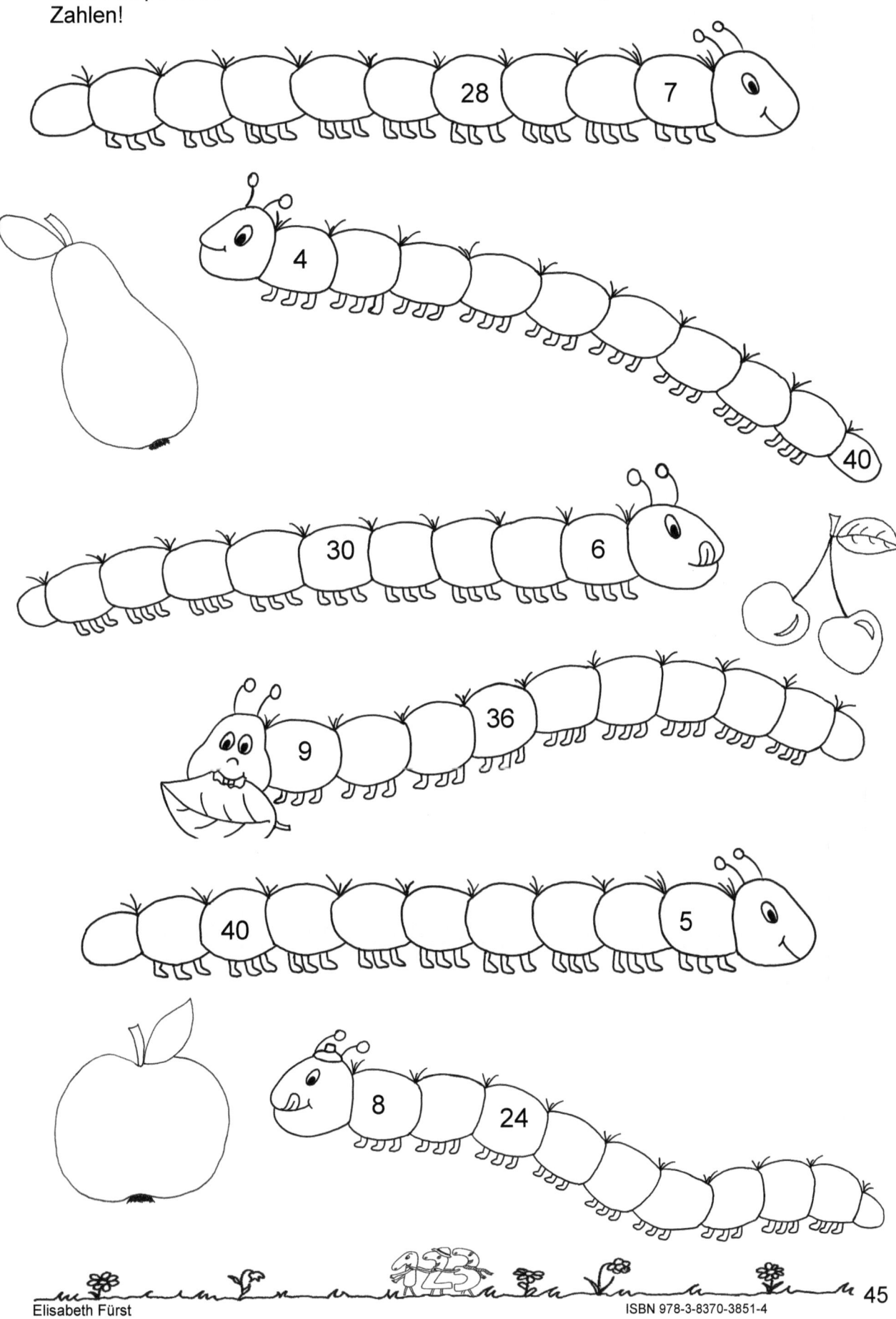

Elisabeth Fürst   ISBN 978-3-8370-3851-4

Einmaleins

Immer zwei Puzzleteile gehören zusammen. Bemale die Teile mit den gleichen
Ergebnissen mit der selben Farbe.
Achtung: Zwei Puzzleteile passen nicht zusammen! Kreise sie ein!

4 · 4 =

3 · 6 =

4 · 10 =

6 · 4 =

8 · 8 =

8 · 2 =

3 · 8 =

5 · 4 =

10 · 2 =

5 · 8 =

4 · 3 =

6 · 2 =

9 · 7 =

2 · 9 =

ISBN 978-3-8370-3851-4

Elisabeth Fürst

Bunter Einmaleinsmix

5 • 6 =

2 • 4 =

7 • 3 =

4 • 5 =

9 • 8 =

3 • 6 =

8 • 4 =

6 • 7 =

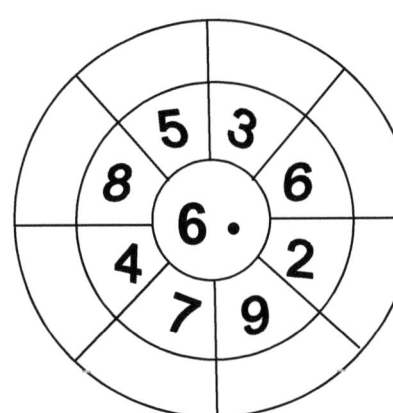

7 • 8 =

3 • 5 =

9 • 2 =

10 • 4 =

6 • 9 =

4 • 7 =

5 • 5 =

10 • 6 =

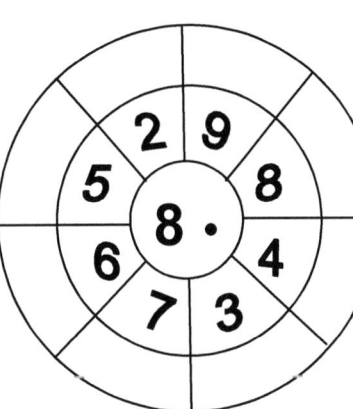

8 • 8 =

2 • 7 =

6 • 3 =

4 • 4 =

9 • 7 =

3 • 8 =

10 • 10 =

5 • 7 =

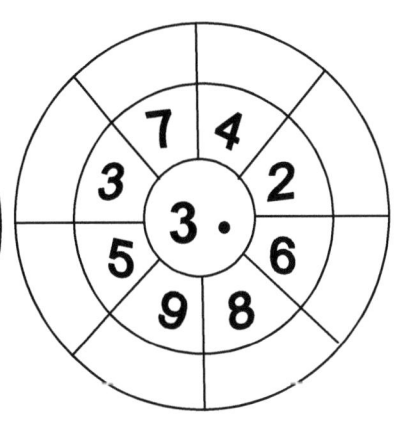

6 • : 5 3 6 2 9 7 4 8

8 • : 2 9 8 4 3 7 6 5

3 • : 7 4 2 6 8 9 5 3

9 • 9 =

4 • 3 =

8 • 6 =

2 • 5 =

7 • 6 =

3 • 3 =

6 • 4 =

5 • 9 =

7 • 7 =

4 • 2 =

8 • 5 =

6 • 6 =

2 • 3 =

9 • 4 =

10 • 8 =

3 • 7 =

Elisabeth Fürst   ISBN 978-3-8370-3851-4

Einmaleins

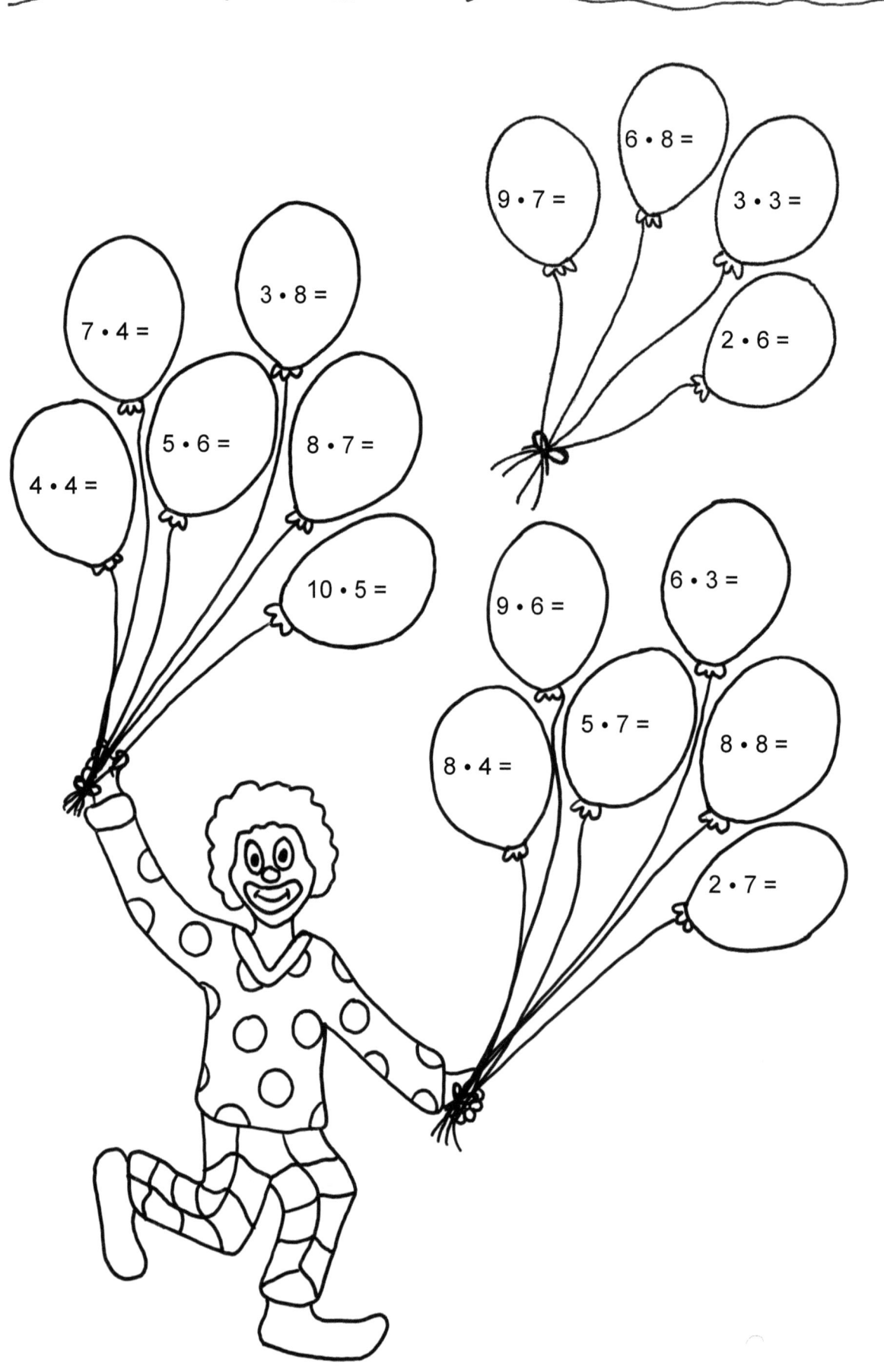

9 · 7 =

6 · 8 =

3 · 3 =

2 · 6 =

7 · 4 =

3 · 8 =

5 · 6 =

8 · 7 =

4 · 4 =

10 · 5 =

9 · 6 =

6 · 3 =

8 · 4 =

5 · 7 =

8 · 8 =

2 · 7 =

ISBN 978-3-8370-3851-4

Elisabeth Fürst

Über den Wolken

Rechne aus und bemale das Bild in den richtigen Farben!

0 - 15 = gelb   16 - 29 = hellblau   30 - 39 = rot

40 - 49 = dunkelblau   50 - 79 = grau   80 - 100 = weiß

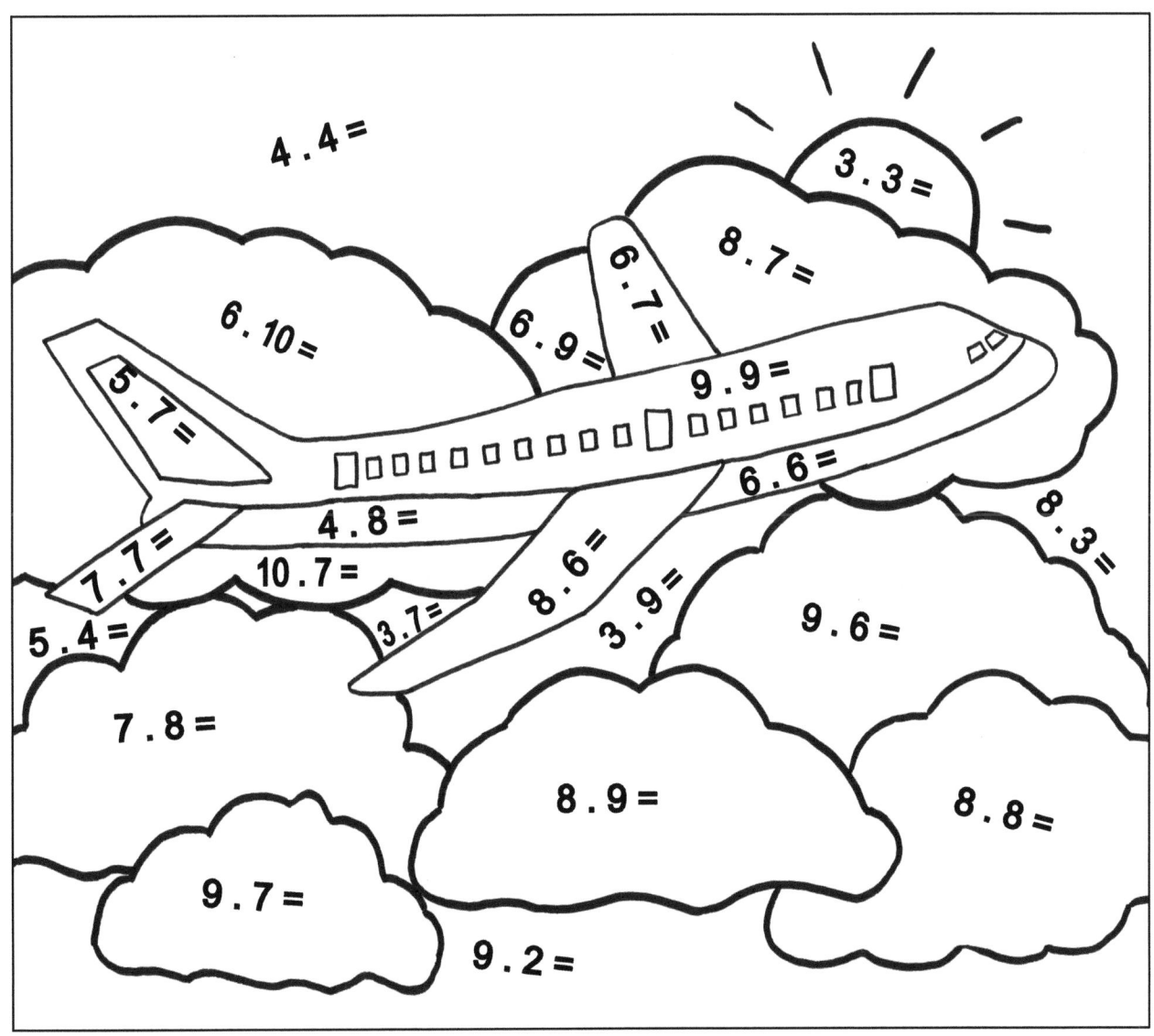

Elisabeth Fürst   ISBN 978-3-8370-3851-4

Auf der Sommerwiese

Rechne aus und bemale das Bild in den richtigen Farben!

0 - 9 = rot	10 - 19 = gelb	20 - 29 = weiß
30 - 39 = blau	40 - 49 = orange	50 - 59 = violett
70 - 79 = rosa	80 - 89 = grün	90 - 100 = braun

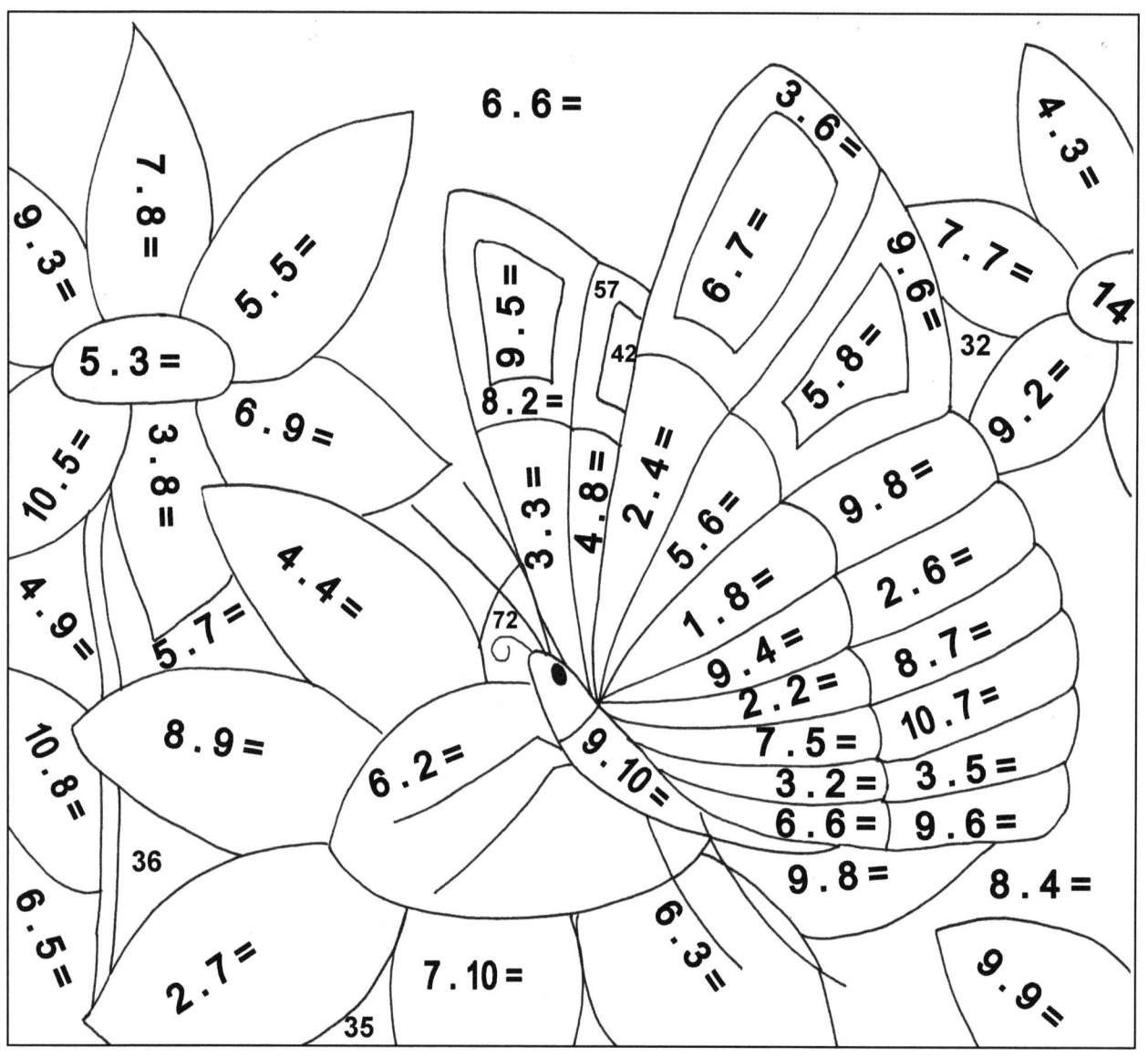

ISBN 978-3-8370-3851-4

Elisabeth Fürst

Wir teilen!

1. Peter hat **18** Bonbons. Er verteilt sie an seine **3** Freunde. Wie viele Bonbons bekommt jeder? Zeichne für jedes Kind die passende Anzahl Bonbons!

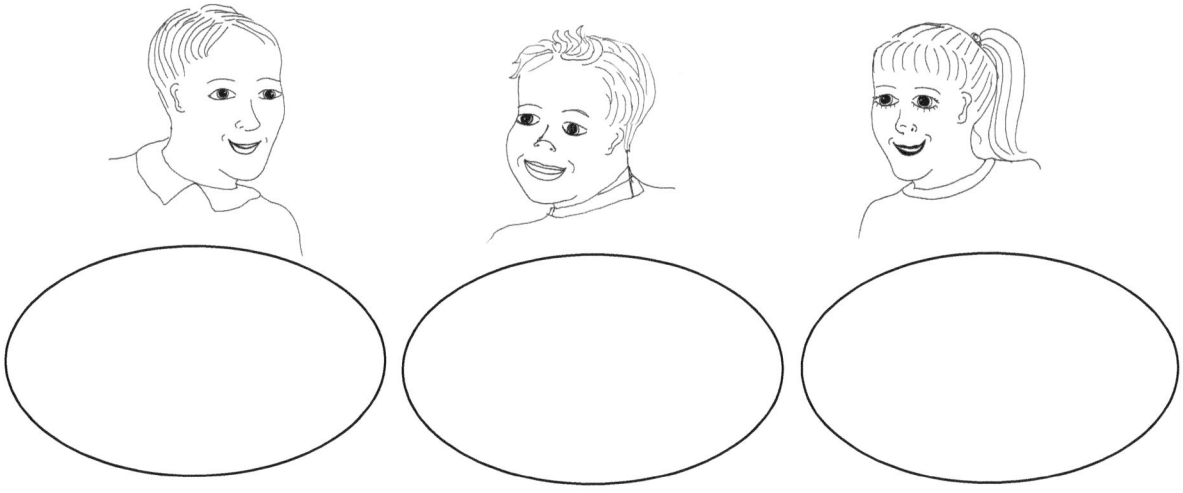

Jedes Kind bekommt _____ Bonbons.

$$18 : 3 =$$

2. Frau Koch verteilt **20** Törtchen auf **5** große Kuchenteller. Wie viele Törtchen kommen auf ein Teller? Zeichne die richtige Anzahl Törtchen auf die Teller!

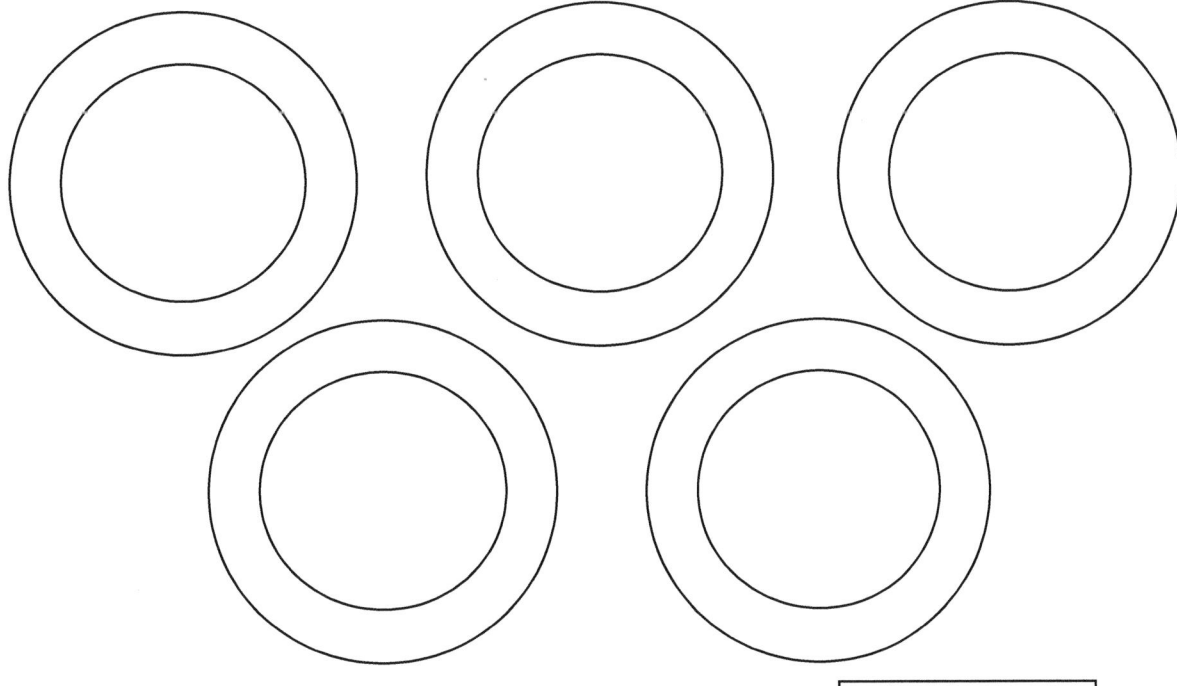

Auf jedes Teller kommen _____ Stück Törtchen.

$$20 : 5 =$$

Elisabeth Fürst   ISBN 978-3-8370-3851-4

Einmaleins

Bemale die Ergebnisfelder!

45 : 9 = ☐

4 : 2 = ☐

56 : 8 = ☐

36 : 6 = ☐

28 : 7 = ☐

16 : 8 = ☐

63 : 9 = ☐

25 : 5 = ☐

12 : 4 = ☐

49 : 7 = ☐

6 : 2 = ☐

16 : 4 = ☐

21 : 3 = ☐

81 : 9 = ☐

42 : 6 = ☐

24 : 8 = ☐

32 : 4 = ☐

14 : 7 = ☐

48 : 8 = ☐

18 : 2 = ☐

40 : 5 = ☐

8 : 4 = ☐

70 : 7 = ☐

24 : 6 = ☐

36 : 9 = ☐

60 : 6 = ☐

12 : 2 = ☐

20 : 4 = ☐

9 : 3 = ☐

10 : 2 = ☐

72 : 8 = ☐

27 : 9 = ☐

30 : 6 = ☐

54 : 9 = ☐

100 : 10 = ☐

64 : 8 = ☐

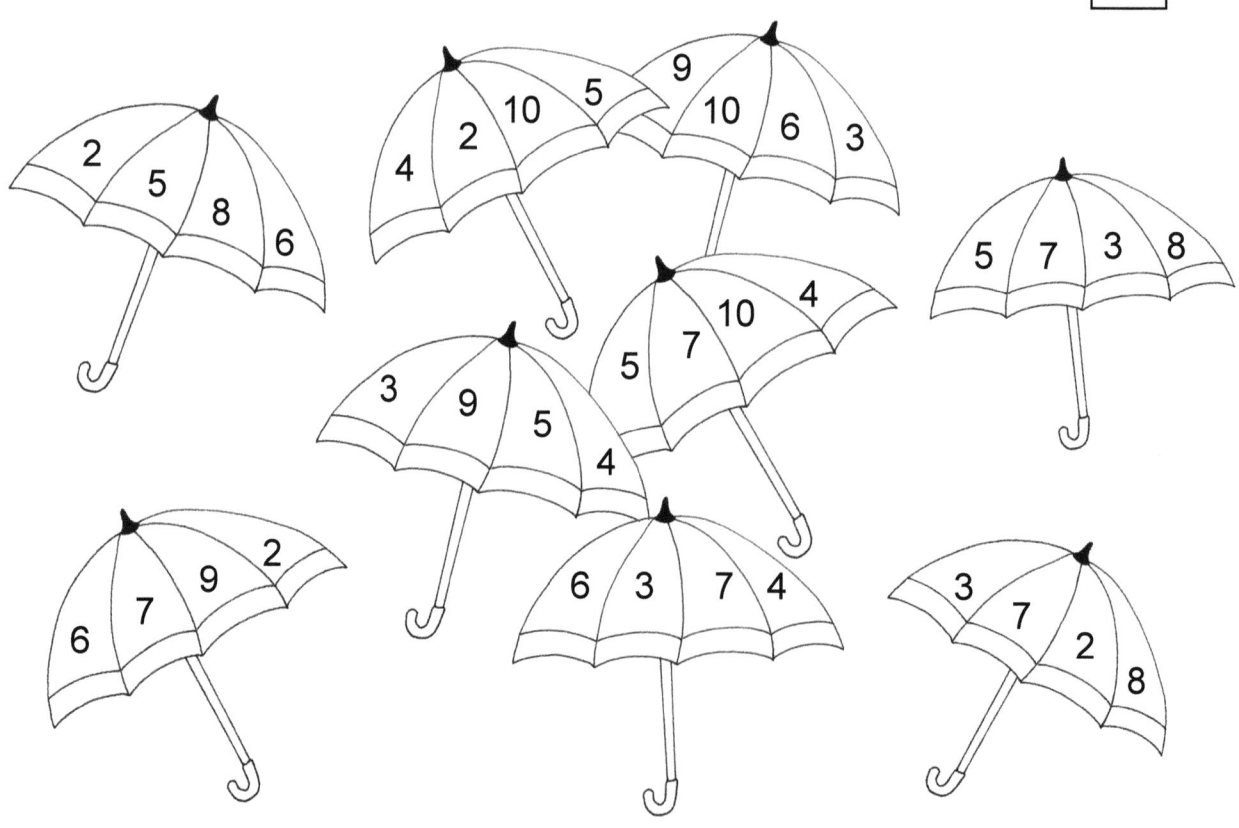

ISBN 978-3-8370-3851-4   Elisabeth Fürst

Einmaleins

21 : 3 = **7**, weil **7 • 3 = 21**
36 : 9 =___, weil _____

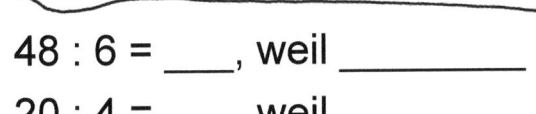

48 : 6 = ___, weil _____
20 : 4 = ___, weil _____

12 : 3 = ___, weil _____
54 : 6 = ___, weil _____

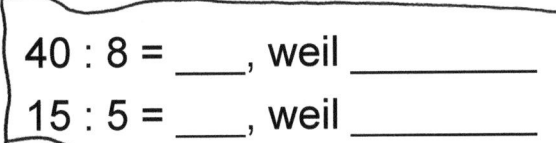

40 : 8 = ___, weil _____
15 : 5 = ___, weil _____

28 : 7 =___, weil _____
18 : 2 =___, weil _____

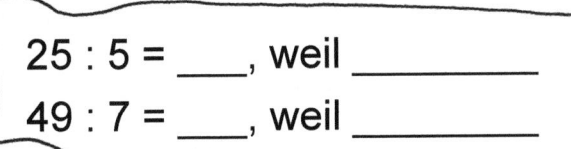

25 : 5 = ___, weil _____
49 : 7 = ___, weil _____

Elisabeth Fürst   ISBN 978-3-8370-3851-4

Die Rechenleitern

Klettere Sprosse für Sprosse die Leiter hoch! Das Ergebnis der ersten Rechnung ergibt einen Teil der zweiten Rechnung und so weiter.
Erhältst du das richtige Ergebnis?

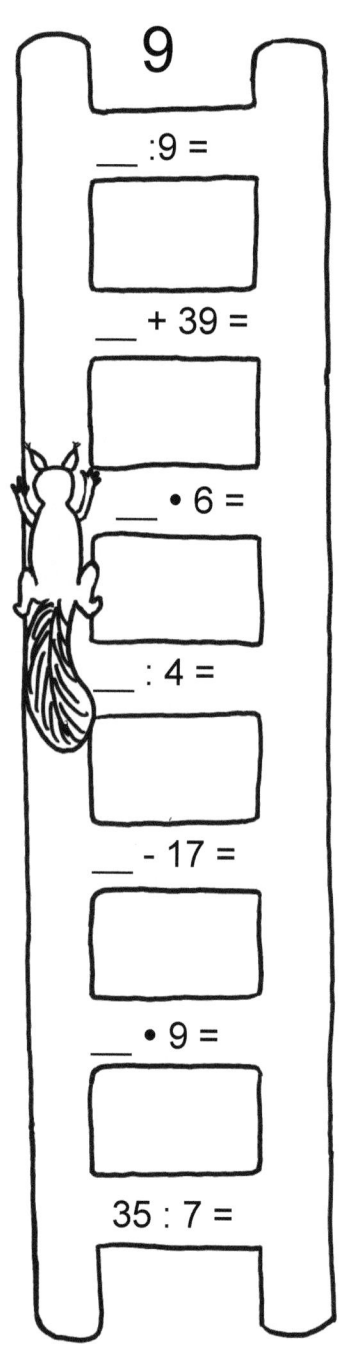

Leiter 4

___ : 9 =

___ - 18 =

___ • 9 =

___ : 7 =

___ + 39 =

24 : 8 =

6 • 4 = 24

Leiter 7

___ : 9 =

___ + 47 =

___ • 4 =

___ : 10 =

___ • 5 =

___ : 7 =

29 + 27 =

Leiter 9

___ : 9 =

___ + 39 =

___ • 6 =

___ : 4 =

___ - 17 =

___ • 9 =

35 : 7 =

ISBN 978-3-8370-3851-4

Elisabeth Fürst

Kunterbuntes Rechenblatt

8 · 7 =	63 : 9 =	35 : ☐ = 5
5 · 2 =	24 : 3 =	18 : ☐ = 9
9 · 4 =	16 : 4 =	64 : ☐ = 8
6 · 8 =	32 : 8 =	27 : ☐ = 3
7 · 3 =	30 : 5 =	24 : ☐ = 6
3 · 6 =	28 : 4 =	81 : ☐ = 9
2 · 3 =	56 : 7 =	12 : ☐ = 4
7 · 7 =	42 : 6 =	36 : ☐ = 9
6 · 6 =	40 : 8 =	49 : ☐ = 7
9 · 8 =	25 : 5 =	54 : ☐ = 6

Welche Zahl fehlt? Ergänze die Zahlenhäuser (siehe Beispiel)!

86

39	47
78	
17	
55	
48	
62	

73

57	
26	
47	
65	
19	

54

15	
38	
9	
26	

64

23	
46	
37	
15	
51	
48	

Elisabeth Fürst ISBN 978-3-8370-3851-4

Rechenräder

ISBN 978-3-8370-3851-4

Elisabeth Fürst

Wir kaufen neue Kleider!

62 €

38 €

18 €

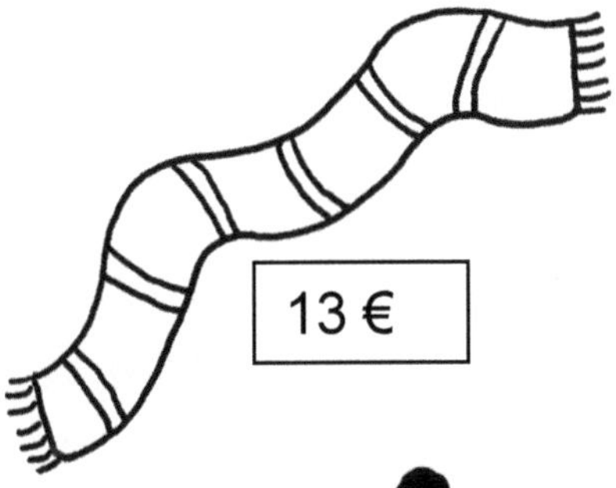

13 €

24 €

9 €

1. Tina kauft einen Rock und ein T-Shirt.
Wie viel muss sie bezahlen?

2. Peter kauft sich eine Hose und eine Jacke.
Wie viel muss er bezahlen?

3. Timo kauft zwei T-Shirts und eine Haube.
Wie viel muss er bezahlen?

4. Karin nimmt einen Schal, einen Rock und eine Hose.
Wie viel muss sie bezahlen?

5. Tanja nimmt eine Hose und ein T-Shirt. Sie bezahlt mit einem
100 € - Schein.
Wie viel muss sie bezahlen?

Elisabeth Fürst   ISBN 978-3-8370-3851-4

Textaufgaben

1. Der Bauer erntet am Montag **34 kg** Kartoffel, am Dienstag **25 kg** Kartoffel und am Mittwoch **41 kg** Kartoffel.
Wie viele Kartoffel hat er insgesamt geerntet?

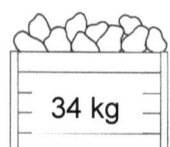 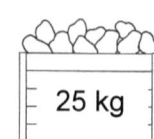 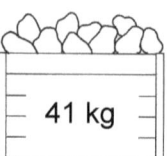

2. Peter geht einkaufen. Seine Mutter gibt ihm einen **100 €** - Schein mit. An der Kasse muss er **46 €** bezahlen.
Wie viel Geld bekommt Peter zurück?

3. Anita geht **dreimal** in den Keller. Sie nimmt dabei jeweils **5** Äpfel mit herauf.
Wie viele Äpfel hat Anita insgesamt geholt?

4. Sebastian ist heute sehr fleißig. Zuerst rechnet er **26** Minuten, dann schreibt er **37** Minuten lang an einer Geschichte und dann liest er noch **45** Minuten lang in einem Buch.
Wie lange hat er insgesamt gearbeitet?

5. In einem Zug sitzen **68** Personen. An einer Haltestelle steigen **29** Personen aus und **18** Personen steigen ein.
Wie viele Personen sitzen jetzt im Zug?

6. Herr Schober arbeitet an **6** Tagen der Woche für jeweils **7** Stunden.
Wie viele Stunden arbeitet Herr Schober in einer Woche?

7. Die Hennen haben heute **48** Eier gelegt. Der Bauer packt sie in Kartons zu je **6** Eier.
Wie viele Kartons werden voll?

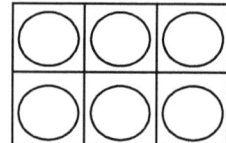

8. Marion hat **85 €** gespart. Sie kauft sich eine Puppe um **34 €** und ein Buch um **19 €**.
Wie viel Geld hat Marion noch?

ISBN 978-3-8370-3851-4

Elisabeth Fürst

Textaufgaben

1. Markus kauft eine Hose um **47 €** und ein T-Shirt um **26 €**.
Wie viel muss er bezahlen?

2. **Anna** geht mit ihren **drei** Freundinnen ins Kino. Ihr Vater kauft für alle Karten. Eine Karte kostet **9 €**.
Wie viel muss Annas Vater bezahlen?

3. In der 3a und der 3b Klasse sind zusammen **51** Kinder. **24** Kinder sitzen in der 3a Klasse.
Wie viele Schüler zählt die 3b Klasse?

4. Kerstin fliegt in den Ferien mit ihren Eltern **3** Wochen nach Amerika.
Wie viele Tage dauert dieser Urlaub?

5. Tobias zählt seine Ersparnisse. In seinem Sparschwein sind **drei 10 € - Scheine, sieben 5 € - Scheine, acht 2 € - Münzen** und **fünf 1 € - Münzen**.
Wie viel Geld hat Tobias gespart?

6. Birgit wiegt **36 kg**. Ihr großer Bruder wiegt schon **45 kg**.
Wie schwer sind die Geschwister zusammen?

7. Frau Huber hat **12** Päckchen Apfelsaft. Sie verteilt sie unter ihren **4** Kindern.
Wie viele Päckchen bekommt jedes Kind?

8. Frau Frohsinn teilt eine Packung Bonbons unter ihren **4** Kindern auf. Jedes Kind bekommt **6** Bonbons.
Wie viele Bonbons waren in der Packung?

Elisabeth Fürst

ISBN 978-3-8370-3851-4

In dieser Serie erschienen

Übungsblätter für die 1. Klasse Grundschule - Rechnen

ISBN 978-3-8370-4315-0

BoD Verlag

Juni 2008

Übungsblätter für die 3. Klasse Grundschule - Schriftliches Rechnen

ISBN 978-3-8370-6332-5

BoD Verlag

August 2008

ISBN 978-3-8370-3851-4

Elisabeth Fürst